Das Leben schreibt sich selbst

oder

Wenn alles nur ein Fake ist

Dana Fischer

DAS LEBEN SCHREIBT SICH SELBST

oder

Wenn alles nur ein Fake ist

Impessum:
Copyright © 2019 by Dana Fischer
Fotos: www.pixabay.de
Herstellung und Verlag:
BoD – Books on Demand, Norderstedt
ISBN: 9783750429741

Inhaltsverzeichnis

Ein DANKE als Vorwort

Manchmal erfahren wir Begegnungen im Leben, deren Sinn uns erst dann bewusst wird, wenn sie schon längst Vergangenheit geworden sind.

Der Sinn unserer Begegnung war mir auch ständig ein Rätsel. Seitdem du unangekündigt in mein Leben platztest, wurde dieses zur Achterbahnfahrt. Du überhäuftest mich mit Liebe und Nähe, um mich danach wieder von dir zu stoßen. Du hobst mich auf ein Podest und warfst mich anschließend in bodenlose schwarze Löcher. Du nahmst still meine Hand und brülltest mich doch manchmal wie ein Löwe an. Du hieltest vorsichtig mein Herz und meine Seele und doch ignoriertest du dann ihre Verletzlichkeit. Du schwammst in meiner Liebe und stiegst immer wieder an anderen Ufern aus ihren Fluten hinaus. Du kamst und du gingst so viele Male wieder.

Ich liebte dich und ich verfluchte dich für all das. Ich löschte deine Fotos und holte sie doch aus dem virtuellen Papierkorb wieder heraus. Ich wollte dich vergessen und suchte doch ständig nach dir. Ich wollte so oft kein Wort mehr mit dir reden und trotzdem sang dir mein Herz immer wieder seine eigenen Lovesongs vor. Ich war dir nah und dann doch wieder so fremd. Ich hasste dich und ich vermisste dich. Ich lachte mit dir und weinte um uns.

Und trotz dieses Chaos, welches du in mein Leben brachtest, danke ich dir heute. Denn du hast einen meiner Träume gesehen. Während ich ihn viele Jahre tief vergraben ruhen ließ, schaufeltest du ihn frei. Du schicktest mich mit meinen geschriebenen Gedanken und Gefühlen, mit meiner Wahrnehmung und meinen Fragen da raus. Jeden Zweifel und jede Unsicherheit räumtest du aus dem Weg. Und nicht nur das. Du unterstütztest mich dabei, im World Wide Web sichtbar zu werden. Stundenlang und mit Engelsgeduld basteltest du an meinen Webseiten und setztest meine Ideen um. Du inspiriertes mich durch Gespräche, durch dein Dasein, durch dein Verständnis und in manchen Zeiten sogar mit deiner Liebe. Ohne dich würde heute kein Wort von mir irgendwo zu lesen sein. Du wurdest derjenige, der unermüdlich die ganze Zeit am Rand meines Weges stand und mich anfeuerte, der an mich glaubte. Du hast mir Mut gemacht und mich in meinen Texten mich selbst sein lassen.

Die Achterbahnfahrt unserer Begegnung hat mich immer wieder zerrissen und auch jedesmal aufs Neue geflickt. Sie machte mir Angst und hinterließ gleichzeitig große Gefühle und Worte. Sie gab mir ungeheure Kraft, da ich so oft allein aus den tiefen Löchern auf das einst von dir gebaute Podest zurück krabbeln musste, wo du dann bereits wieder wartetest.

Nun steht die Achterbahn still und ich halte meinen Traum in der Hand. Den Traum eines jungen Mädchens, das sich vor über 35 Jahren so sehr wünschte, irgendwann in diesem Leben ihr eigenes geschriebenes Buch halten zu dürfen. Nein, ohne unsere Begegnung hätte ich es nie gewagt. Ohne dein Verständnis für meine Gedanken, hätte ich mich nie getraut. Ohne deine und meine Liebe gäbe es eine Menge Texte in diesem Buch gar nicht. Ohne unsere Begegnung würde es auch mich, so wie ich heute bin, nicht geben. Dafür danke ich dir. Ich habe den Sinn unseres Aufeinandertreffens verstanden und vielleicht ist unser gemeinsamer, unbeständiger Weg damit endgültig beendet. Ich hoffe nicht, aber wer weiß das schon so genau?

Ich wünsche mir aber, dass unsere Begegnung auch für dich eine Bedeutung hinterlässt. Vielleicht die Erfahrung, wie sich Liebe anfühlen kann, die einst jedem Fallen, jedem Weggehen, jedem Wiederkommen, jedem Lachen und jedem Schmerz standhielt. Eine Liebe, die du nicht wegstoßen kannst, weil sie einfach ungefragt bei dir bleibt...

... selbst, wenn auch nur noch als Worte in diesem Buch.

Danke für alles, Andreas!

∞

Wenn alles nur ein Fake ist

Selbstverständlich hat man mich hervorragend auf das Leben vorbereitet. Da waren meine Eltern, Großeltern, eine große Familie, Kindergarten, Schule usw. Unmengen an Menschen, die mich gut erzogen und mir alles erklärt haben. Sie alle wussten genau, wie ich sein, mich verhalten und was ich tun müsse, um glücklich zu werden. Mir wurde erzählt, wie das Leben läuft und wie es funktioniert, wenn ich funktioniere. Und ich habe funktioniert.

Heute, mit fünfzig Sommern eigener Lebenserfahrung, frage ich mich, an welcher Stelle ich das prophezeite Glück wohl verpasst habe. Was ist denn überhaupt dieses Glück, was ich nach den Lehren der Alten verzweifelt suchte und nie wirklich fand? Und wie kam ich auf die dumme Idee, zu glauben, dass mir die unglücklichsten und unzufriedensten Menschen tatsächlich erklären könnten, wie mein Glück auszusehen hat? Ich habe ihnen vertraut und damit begann ein stetiger Kampf.

Ich kämpfte mit mir um Perfektion, inner- und auch äußerlich. Ich kämpfte um Anerkennung, um Dinge, von denen ich dachte, dass ich sie brauche und um Liebe. Dafür kämpfte ich übrigens am meisten. In Grunde genommen verzweifelte ich daran, dass meine Vorstellungen vom Leben, welche ja eigentlich ihren

Ursprung nur in den Vorstellungen anderer hatten, sich nicht erfüllten.

Als ich bemerkte, dass die ganzen Vorhersagen und Ratschläge, welche man mir als junges Mädchen mit auf den Weg gegeben hatte, irgendwie nur immer mehr Leid in mir erzeugten, wechselte ich die Richtung. Vielleicht würde ich ja woanders, auf einem anderen Pfad, endlich diese hochgepriesene Glückseeligkeit finden. Ich begann, mich in unterschiedlichsten Szenen umzuschauen. Erleuchtung wäre genial! Also begann ich mit Meditationen und belas mich über den Buddhismus. Ich verweilte zwischen Menschen, die nur von Licht und Liebe sprachen. Irgendwann tauchten dann Engel, Astrologen, die Nummerologie und Advaita auf. Ich verbrachte viel Zeit damit, das alles zu verstehen und wollte mich für eine Richtung entscheiden. Also kämpfte ich erneut. Ich kämpfte darum, die „Zustände" der unterschiedlichen Gruppierungen zu erreichen. Dadurch oblag ich einem enormen Zwang. Ich wollte schließlich endlich reich, anerkannt, zufrieden, glücklich und geliebt sein. Das World Wide Web ist rappelvoll mit Gurus, Lehrern, Coaches und Trainern. Und was sie für großartige Sachen schreiben! Irgendjemand von ihnen würde mich schon zu dem vollkommenen Glück bringen.

Auf meinem neuen Weg musste ich allerdings feststellen, dass diese Menschen fanatisch an ihrem Glauben und ihrer Wahrheit festhalten und kein Abweichen in andere Richtungen akzeptieren. Denn schließlich gibt es für sie ja immer nur die eine, die einzige, nämlich ihre Wahrheit. Und diese lassen sie sich bekanntlich auch von Suchenden wie mir gut bezahlen.

Ich aber flatterte wie ein bunter Vogel zwischen ihnen hin und her und pickte mir dabei überall heraus, was sich für mich stimmig anfühlte. Doch auch dieser Weg wurde irgendwann anstrengend, denn ich wurde dadurch weder reich, noch besonders schlank und schön, nicht glücklicher und, verdammt noch mal, der Mann, der mich nur für mich selbst, so wie ich nun mal bin, liebevoll abends in den Arm nimmt, erschien auch nicht. Und inmitten dieser irrsinnigen Suche, sagte jemand den Satz: „Was, wenn alles nur ein Fake ist?"

Plötzlich hielt ich inne. Da war die Wahrheit! Sie traf mich wie ein scharfes Messer genau dort und genau dann, wo und als ich es brauchte.

Was, wenn nichts wahr wäre? Wenn all das, was man mir im Laufe meines Lebens einreden, verkaufen oder weismachen wollte, Humbug gewesen ist? Wenn ich selbst nichts weiß, woher schöpfen dann andere ihr Wissen? Mit welchem Recht trichtern sie mir ihre Wahrheit ein?

Ich ließ frei. Ließ den ganzen Quatsch aus Vorstellungen, Plänen und gesellschaftlich verordneten Reglemtierungen los. Ebenso die Stationen meiner Suche, die nach Erleuchtung, Erwachen und all das Zeug.

Übrig blieb am Ende lediglich ich. Nachdem ich den Mantel der Konditionierungen abgelegt hatte, war ich nackt. Und es fühlte sich so verdammt gut an. Irgendwie befreit. Plötzlich tat sich Raum für meine eigene Wahrnehmung, mein eigenes Fühlen, Empfinden und so unglaublich viel Liebe auf. Die Orientierungslosigkeit und Suche war abrupt vorbei. Vor allem war endlich der kraftraubende Kampf um irgendetwas oder irgendwen beendet.

Die Enge und Schwere der mir auferlegten Wahrheiten wich einem erleichterten und tiefen Auf- und Einatmen. Ich brauchte nichts mehr suchen, als ich so nackt vor mir selber stand. Alles war bereits da. Ich wurde mir selber genug. Frieden! Endlich! Es gab und gibt keine Löcher mehr, die ich durch Dinge oder Menschen füllen muss. Das bedeutet nicht, dass ich keine Wünsche oder Träume mehr habe. Die gibt es auf jeden Fall noch. Aber es verursacht keine inneren Tragödien und Unzufriedenheit mehr, wenn sie sich nicht erfüllen.

Das Wertvollste und Einzige, was ich wirklich besitze, ist meine ganz eigene Wahrheit geworden. Ich darf nun wieder meiner Intuition und meiner ureigenen Kraft vertrauen. Die Wege, auf die sie mich führen, sind manchmal für Außenstehende und sogar für mich nicht immer nachzuvollziehen. Das ist aber gar nicht schlimm, eher aufregend. Ich darf die Liebe so leben, wie sie sich für mich gut und richtig anfühlt. Überhaupt erlaube ich mir wieder zu lieben, was und wen ich will. Vor allem dieses phantastische Leben, egal, wie es sich gerade zeigt.

Denn, wenn wirklich alles nur ein Fake ist, muss ich nichts mehr glauben, befolgen oder suchen. Dann bleibt eine Menge Zeit für mich...

... einfach als Frau, einfach als Mensch.

Pop-up-Leben

Kennst du auch diese komischen Tage? Jene, an denen du hier und irgendwie doch gar nicht hier bist? An denen du denkst, dass du im Zug an der verkehrten Haltestelle aufgewacht und ausgestiegen bist und dass du hier gar nicht hin wolltest?

Es beginnt schon am Morgen. Der Wecker klingelt und beim Wachwerden fühle ich mich leer. Eigentlich hat sich seit gestern Abend, als ich gutgelaunt ins Bett gegangen bin, nichts verändert und trotzdem ist alles anders. Kein Gefühl, keine Emotion. Nur Gedanken sind da, wirre unzusammenhängende Gedanken.

Irgendetwas schiebt mich in die Küche an den Wasserkocher und gießt den Kaffee auf. Die Prozedur im Badezimmer geschieht so routiniert, dass es mir vorkommt, als müsste ich selber gar nichts dafür tun. Es duscht, kämmt und schminkt sich von allein.

Beim Kaffeetrinken wischen die Finger über das Display des Smartphones. Spam wird gelöscht, das Wetter abgefragt und das Social Network einmal durchgescrollt. Ich habe weder richtig gelesen, noch hat mich irgendetwas davon interessiert. Es langweilt mich nur. Die Hände greifen irgendein Kleid, irgendwelchen Schmuck. Sie wissen schon, was zusammen passt. Und wenn es nicht passt, ist es auch egal.

Der Weg zur Arbeit ist jeden Tag der selbe. Eigentlich liebe ich diesen Weg, auf dem ich Richtung Osten der Morgensonne entgegengehe. Das Vogelorchester erreicht mich aber heute nicht. Der kleine Mischlingshund mit seinem Herrchen, der mir jeden Morgen entgegenkommt, bringt mich auch nicht wie sonst zum Schmunzeln.

Im Büro hat mir die Kollegin, wie fast jeden Morgen, schon den Computer hochgefahren und einen Kaffee auf den Schreibtisch gestellt. Ich bedanke mich nicht, wie sonst üblich. Ist ja schließlich immer der gleiche Vorgang. Aus jeder Bürotür dringen Stimmen. Der Chef telefoniert schon und die anderen Kolleginnen schnattern in ihren Büros über irgendetwas. Normalerweise höre ich zu, belächle für mich die Geschichten und beschmunzle die kleinen Dramen. Heute nicht. Obwohl sie mir viel zu laut sind, verstehe ich kein Wort. Auch die Arbeit erledigt sich scheinbar ohne mich. Ich schreibe, ich rechne und ich lese. Am Ende des Tages werde ich aber nicht mehr wissen, was ich geschrieben, gelesen oder welche Akte ich bearbeitet habe.

Es ist total verrückt!

Als Kind besaß ich eines dieser Pop-up-Bücher. Die räumlich wirkenden bunten Bilder ploppten quasi im 3D-Effekt auf, wenn man eine Seite aufschlug. Und auf jeder Seite gab es eine Pop-up-Figur, die an einem

Papphebel bewegt werden konnte. Genauso fühle ich mich. Jemand bewegt mich in einer absurden Geschichte, während alle Anderen an ihren gewohnten Plätzen um mich herum stehen. Auch ich bewege mich lediglich an der Stelle, an der ich immer bin, wenn das Buch aufgeschlagen wird, dort wo ich nicht weg kann. Und all das andere Zeug um mich herum, beachte ich heute nicht. Es ploppt ja sowieso jeden Tag in derselben Form, an der selben Stelle wieder auf.

Am Abend sitze ich da draußen auf meinem Balkon. Die Nachbarin dreht wie immer mit ihrer Katze eine Runde ums Haus. Gegenüber am Häuserblock fährt der ältere Herr vor, aus dessen Auto in höllischer Lautstärke klassische Musik dröhnt. Er wird wieder so lange im Fahrzeug sitzen bleiben, bis der Titel zu Ende gespielt ist, wie immer. Ich bin mir sicher, dass es auch täglich die selben Vögel sind, die vor dem Balkon auf der Wiese im Gras picken. Sie haben sich hier wohl mittlerweile häuslich eingerichtet. Vielleicht ist es an der Zeit, ihnen Namen zu geben.

Und so sitze ich an diesen Tagen manchmal bis in die Nacht draußen, komplett sinnbefreit. Und mit der Dunkelheit krampft der Bauch so fürchterlich und Tränen schießen in die Augen, die so fragend den schwarzen Himmel und den Mond anstarren. Ich kenne das mittlerweile schon von mir. Es ist nicht schlimm. Es tut bloß verdammt weh an diesem komischen Tag. Aber es ist nur Sehnsucht, mehr nicht.

Sehnsucht nach irgendwann, nach irgendwem und nach irgendwohin. Von mir aus sofort, am liebsten nicht allein und am besten ohne ein bestimmtes Ziel.

Einfach nur weg aus diesen irren Pop-up-Szenen, in denen jeden Tag wieder alles an gewohnter Stelle aufploppt, in dem die Pappfiguren sich niemals ändern werden und in dem auch ich morgen wieder mitspiele, mitrede und mitlache, weil mir nach diesen komischen Tagen letztendlich wieder klar wird, dass ich nun mal in dieses Buch gehöre und hier solange mein Platz sein wird, bis meine Figur irgendwann nicht mehr bewegt wird.

Zu extrem für dich

Da sitzt du vor mir, der so viele Jahre mit mir ver-
bracht hat, und erklärst mir, warum es so schwer ist,
mit mir zusammenzuleben. Du sagst, alles, was mich
ausmacht, wäre stets zu extrem.

Es blinken Fragezeichen über meinem Kopf und mein
Gedankenkarussel beginnt sich zu drehen. Vielleicht
könntest du recht haben, vielleicht muss ich etwas än-
dern, um Menschen, denen ich begegne, nicht zu ver-
schrecken. Ich habe darüber nachgedacht. Ja, es
stimmt.

Wenn ich fröhlich bin, lache ich extrem gerne. Wenn
ich traurig bin, weine ich extrem lange. Meine Ängste
sind manchmal so extrem, dass mein Gegenüber auch
ängstlich wird. Werde ich krank, ist es nicht nur ein
Schnupfen, sondern erwischt mich extrem schwer und
lange Zeit. Wenn ich fühle, dann so extrem stark, dass
ich mir manchmal selber damit weh tue. Wenn ich je-
manden liebe, dann so extrem ehrlich und mit blin-
dem Vertrauen, dass ich oft sehr schnell wieder ent-
täuscht werde. Wenn mein Herz und mein Bauch mir
sagen, dass etwas wichtig und richtig ist, verlasse ich
extrem schnell meine Komfortzone und reagiere, ohne
die Konsequenzen zu bedenken. Ich bin nicht fähig,
etwas auf lange Zeit zu planen, sondern freue mich ex-
trem, wenn jemand unerwartet vor meiner Tür steht
und der Tag dadurch ungeahnte Wendungen nimmt.

Wenn ich einen interessanten Gesprächspartner habe, rede ich gerne extrem viel und nächtelang. Aber wenn mich der Blick aufs Meer fasziniert, bin ich auch mal für längere Zeit extrem still und will nur schweigende Nähe.

Du magst recht haben. Ich kenne irgenwie kein Mittelmaß und vielleicht war es schwer für dich, damit und mit mir zu leben.

Aber soll ich dir mal etwas sagen? Da draußen erstrahlt die Natur gerade in einer wahnsinnigen Farbenpracht. Jeder Baum färbt sein Laub in eigene Farben. Viele davon ähneln sich und tragen mäßiges Bunt. Und dann gibt es jene, deren Blätter so unglaublich strahlen und in der Sonne leuchten. Glaubst du, sie sind zu extrem schön und sie lassen sich von dir davon abhalten, ihr extrem übertriebenes Farbenspiel zu zeigen?

Du sagst, ich muss etwas an mir ändern, damit jemand längere Zeit mit mir leben kann. Aber, das ist nicht möglich. Ich habe keinen Schalter, mit dem man mich verändert oder mein Licht dimmt. Und im Herbst meines Lebens darf ich in all den Farben leuchten, die mich ausmachen.

Denn irgenwo wird jemand sein, der in mir seine Lieblingsfarbe entdeckt und der bis zum Winter dieses, meines Lebens jedes abfallende bunte Blatt mit extrem viel Liebe auffängt.

Und weißt du, dieses verrückte Leben will extrem gefühlt, gelebt und geliebt werden...

... jeden Moment!

∞

Die ständige Selbstbefriedigung

Na, woran denkst du bei dieser Überschrift, was fällt dir dazu ein? Ich vermute, du wirst an Sex denken, Sex, den du, genau wie so viele andere Männer und Frauen, mit dir alleine hast und den in den seltensten Fällen irgendwer zugibt. Es passiert ungesehen und unkommentiert. Warum redet eigentlich niemand darüber? Ist es unanständig, verdorben und egoistisch, sich selbst etwas Gutes zu tun?

Wie wäre es für dich, wenn ich dir sage, dass wir uns doch alle ständig selbst befriedigen? Und das dort draußen in aller Öffentlichkeit.

Ist es nicht Selbstbefriedigung, wenn ich mir gutes Essen kaufen gehe? Ist es nicht Selbstbefriedigung, wenn ich mir einen tollen Kinoabend oder ein neues Kleid gönne? Und ist es nicht sogar auch Selbstbefriedigung, wenn ich anderen etwas Gutes tue?

Als ich mich entschied, dem kleinen Jungen im Supermarkt an der Kasse seine Tüte Chips und die Cola zu bezahlen, weil er sein Taschengeld nicht fand, streichelte ich mit dieser guten Tat schon ein wenig mein Ego. Es tat mir gut, dem kleinen Kerl geholfen zu haben. Selbstbefriedigung?

Immer wenn ich dem älteren Straßenmusiker mit seiner Klarinette auf unserer Schlossbrücke für sein schönes Spiel einen Euro in den Koffer werfe, fühle ich mich gut. Auch, weil ich schon vorher weiß, dass er mir mit seinen strahlend blauen Augen dafür wieder verwegen zuzwinkern und "Madame, ich wünsche Ihnen einen wunderschönen Tag." zuhauchen wird. Befriedige ich meinen Wunsch nach einem Moment Zuneigung und Aufmerksamkeit mit meinem Euro nicht ebenfalls selbst?

Wenn ich zum Feierabend zufrieden das Büro verlasse, mich großartig fühle, weil ich meinen Job liebe und mit Spaß erledige, habe ich mich dann nicht auch durch meine Arbeit selbst befriedigt?

Man könnte diese Beispiele noch weiter fortsetzen.
Also erzähle mir nicht mehr, dass Selbstbefriedigung ungehörig und schlecht ist und man darüber Stillschweigen bewahren sollte. Es steckt das Wort "Frieden" darin. Und sich Zufriedenheit selber zaubern zu können, durch das eigene Handeln und es nicht vom Tun anderer abhängig zu machen, ist doch eine starke Leistung.

Auch das Wort Egoismus wirkt nun nicht mehr so asozial und nur auf Eigennutz reduziert. Selbstbefriedigung ist nun mal Egoismus. Aber wir können damit auf jeden Fall auch anderen Gutes tun, wie oben beschrieben.

Und nun geh da raus und grinse über die Blicke der anderen, wenn du sie einfach mal fragst, ob sie sich heute schon selbst befriedigt haben...

... So oder so.

Natürlich sind die Anderen schuld

Da höre ich sie also wieder, diese Behauptungen: „Meine Eltern sind schuld, dass es in meinem Leben nicht so läuft, wie ich will." oder „Mein Partner ist schuld, dass ich nicht mehr glücklich mit ihm bin." Und ich überlege, mit welchen Worten ich das etwas entkräften kann. Vielleicht so:

Klar, meine Kindheit war auch alles andere als schön. Alkohol, extreme Gewalt zwischen meinen Eltern sowie exzessive widerliche Orgien, die meine Mutter mit wechselnden Männern feierte und die meine Geschwister und ich miterleben mussten.

Aber sind meine Eltern schuld an dem, was später in meinem Erwachsenen-Leben nicht nach meinen Vorstellungen funktionierte? Sie haben Fehler gemacht, massive Fehler, ja das ist wohl wahr. Doch auch ich habe in meinem Leben Fehler gemacht und das mehr als genug. Wahrscheinlich werde ich sie auch weiterhin machen. Mit welchem Recht also räume ich mir selber Fehler ein und gestehe diese anderen nicht zu? War es nicht vielmehr so, dass meine Eltern mit ihrem eigenen Leben nicht zurechtkamen? Wer sagt denn, dass sie uns Kinder nicht trotzdem geliebt haben?

Leider kann ich sie danach nicht mehr fragen. Vielleicht wussten sie es einfach nicht besser. Vielleicht waren sie auch nur zu sehr mit sich selbst beschäftigt, mit ihrer Unzufriedenheit und ihrer eigenen nie endenden Jagd nach einem Stückchen Glück, wie immer sie sich das auch vorgestellt haben mögen. Uns Kinder haben sie wahrscheinlich unterwegs einfach irgendwann vergessen und stehen gelassen.

Aber ich wurde älter und damit auch alt genug, um das hinter mir zu lassen, meinen eigenen Weg zu gehen und diesen eben auch nicht, ohne Fehler zu machen. Obwohl hier immer die Frage auftaucht: Was sind überhaupt Fehler, wo hören sie auf und ab wann sind es doch nur alles Erfahrungen, die für uns bestimmt sind?

Wie ist es in Partnerschaften? Da wird dem Partner die Schuld gegeben, weil man sich nicht gut fühlt, weil man plötzlich im Alltag mit dem Menschen an seiner Seite so nicht mehr glücklich ist. Aber ist der Partner wirklich schuld? Wie kann ich einem anderen Menschen diese ungeheure Verantwortung übertragen, mich stetst und ständig glücklich machen zu müssen? Wenn ich meinem Partner für mein „Unglück" die Schuld gebe, dann doch nur, weil sich meine Erwartungen und Vorstellungen nicht erfüllen. Aber waren es auch die des Anderen? Ich fühle mich schlecht, weil ich mein Glücklichsein komplett von ihm abhängig mache. Vielleicht habe ich mich dann für meinen Partner vollständig aufgegeben und damit auch meinen eigenen Weg sowie meine eigenen Wünsche. Doch das kann niemals die Schuld des Partners sein und diese sollte ich ihm auch nie einreden.

Ich selber habe damit aufgehört, anderen die Schuld an meinem Leben zu geben. Denn immer, wenn ich Schuld woanders suchte, machte ich mich damit selbst zum Opfer. Und als Opfer habe ich sehr viel gelitten, unheimlich viel. Ich bin raus aus dieser Schuld-Nummer und somit auch raus aus dem Opfer-Sein. Das ist für mich ein unglaublich befreiendes Gefühl. Endlich.

Anderen die Schuld zu geben, sehe ich als eine super Ausrede für eigenes Fehlverhalten, für emotionale Unausgeglichenheit, dafür, wenn ich mit mir und meinem Leben nichts anzufangen weiß oder immer den bequemsten Weg gehe, nämlich den der Anderen. Doch, wessen Schuld ist es dann wirklich, wenn mich dieser Weg nicht mehr glücklich macht?

Ach ja, und nicht zu vergessen, die Schuld für eigenes Verhalten dem Sternzeichen, unter welchem man geboren wurde, zuzuschieben. Ganz tolle Geschichte und die entschuldigt selbstverständlich, wenn ich zum Beispiel ständig, vor lauter Ungeduld mit den Hufen scharrend und hörbar schnaubend, direkt und immer rücksichtslos mit den Hörnern voran, meinen Willen durchsetzen will.

Ich muss mich nicht in Verständnis oder Geduld für irgendjemand Anderen üben.

Nein, denn schließlich ist nur mein Sternzeichen schuld...

... der Widder.

∞

In der Dunkelheit hört niemand zu

Wenn der Tag zu Ende geht und die Dunkelheit Stille in diese Welt bringt, sind wir ohne Absprache verabredet. Wenn das Telefon aufleuchtet, weiß ich, dass das Date beginnt.

Dann fangen wir an, über unseren Tag zu reden und über dieses Leben, das uns ständig ohne zu fragen packt. Meist lachen und albern wir über uns selber oder den Irrsinn da draußen, aber manchmal verstummt dieses Lachen auch.

Wenn mich außer dir niemand hört, kann ich über meine Erlebnisse reden, kann dich fragen, wenn ich die Menschen oder mich selber nicht mehr verstehe, kann weinen, wenn ich das Gefühl habe, alles um mich herum zerrt an meiner eigentlich so starken Seele. Du hälst meine Ideen nie für verrückt, fragst nicht, welchen Sinn diese machen und lässt manches auch ohne Antwort stehen. Ich brauche dann einfach nur so sein, wie ich in genau diesem Moment sein muss. Du fängst mich so oft dann auf, wenn das Leben mich zu Boden reißt.

Tagsüber sieht mich jeder nur stark und lachend durch eben dieses Leben tanzen, ohne zu wissen, was in mir stumm schreit und ohne zu verstehen, wie ich die Welt dort draußen sehe. Aber nachts lege ich die Maske ab, denn in der Dunkelheit ist niemand da, außer deiner Stimme am Telefon und die verlangt von mir kein falsches Schauspiel.

Ich benutze Kopfhörer, um dich ganz nah bei mir zu haben, als stündest du neben mir. Denn nur so höre ich zwischen deinen Worten auch das, was du über dich nicht erzählst, wenn du mir deine Gedanken und Gefühle beschreibst. Und glaube mir, ich verstehe und weiß mittlerweile mehr, als du jemals vorhattest, mir von dir zu zeigen.

Wenn ich in diesen Nächten bereits im Bett liege, erzählst du mir von dem wundervollen Mond, den du siehst oder von den glitzernden Sternen, welche auf die Erde gefallen sind. Du beschreibst den gnadenlosen Sturm, den laut prasselnden Regen oder die Stille und manchmal hören wir dazu zusammen Musik.

Niemand weiß von unseren Treffen nachts, von den Wünschen und Träumen, über die wir reden. Wir sind wie Schattenwesen, die in der Dunkelheit für ein paar Stunden zueinander finden und bei Tagesanbruch wieder getrennt sein werden. Denn wenn der Morgen beginnt, geht jeder wieder seinen Weg und lebt seinen eigenen Tag.

Ich habe mich oft gefragt, warum und vor wem wir uns gegenseitig in der Nacht verstecken, weshalb wir nicht im Licht zusammen gesehen werden dürfen. Denn wir sind doch schließlich, mit all unserer Leichtigkeit, Lebensfreude und den oft verrückten Ideen, die lodernden Fackeln zwischen so vielen erloschenen Kerzen.

Du gibst mir darauf keine Antwort, vielleicht will ich sie auch überhaupt nicht hören, denn wenn am Abend das Telefon aufleuchtet und ich mir die Kopfhörer nehme, spielt sie ohnehin keine Rolle mehr. Dann reden wir wieder, ungesehen und ungehört von der Welt da draußen, über Dinge, die dort auch gar nicht gehört und verstanden werden wollen.

Nur manchmal, ja manchmal, wünsche ich mir, dich im Tageslicht zu treffen, um einfach nur lächelnd einander verstehen zu können...

... ohne dabei ein einziges Wort reden zu müssen.

33

Über meine nichtsnutzigen Kinder

So so, ich habe erfahren, dass du noch immer da drau-
ßen lauthals verkündest, dass meine mittlerweile er-
wachsenen Kinder, wohl aufgrund falscher Erziehung
durch ihre Mutter, „nichts taugen" und „ihr Leben
nicht auf die Reihe bekommen".

Du meinst, meine Tochter ist komplett verrückt. Ja,
natürlich muss sie das sein, denn sie hat gerade ihren
so „sicheren" Bürojob von heute auf morgen gekün-
digt, weil sie die Monotonie und Routine nicht mehr
ertragen hat, weil sie seit frühester Jugend einen an-
deren Traum hatte und sich plötzlich die Chance bot,
ihn jetzt zu leben. Was ist schon Sicherheit? Nichts in
diesem Leben ist sicher, nicht einmal das Leben
selbst. Was hat sie also zu verlieren? Du störst dich
doch nur an ihrem Mut, ihrer Spontanität und ihrem
Ehrgeiz, an all dem, was dir fehlt.

Du rümpfst die Nase über meinen Sohn? Das hast du
schon getan, als er noch der kleine dicke, stotternde
Junge war, der keinen Satz vollständig und am Stück
sprechen konnte. Du hast auf ihn herabgeschaut, als
er am Boden lag. Du lachst ihn noch immer aus, wenn
er beim Einkaufen von allem das Doppelte in den Ein-
kaufswagen legt. Aber du weißt ja auch nicht, wie sich
der Hunger anfühlte und seine Angst, am nächsten
Tag nichts mehr zu Essen zu haben. Auch ihm sind
deine „Sicherheiten" egal. Er ist schon ein wenig irre,

wenn er nur hin und wieder jobbt und dann auch noch das verdiente Geld ins Tonstudio trägt. Aber hast du eine Ahnung, wie viel Freude er an seiner Musik hat, wie sehr er hofft, mit seinen Texten Menschen zu erreichen? Kannst du hören, wie er sein Leben in seinen Tracks verarbeitet?

Nein, meine Kinder verhalten sich nicht immer gesellschaftskonform. Sie tanzen aus der Reihe und gehen den Weg, der ihnen Spaß macht. Sie lachen dabei, weinen oder fallen auch mal. Doch dann stehen sie wieder auf und wenn Plan A und B nicht funktionieren, folgt eben Plan C. Das Alphabet hat noch viele Buchstaben und sie sind noch so jung.

Ich habe verdammt lange versucht, die Beiden in Schubladen zu stecken, in die sie nicht passten. Ich dachte, sie müssten wie alle anderen funktionieren, um in dieser Welt, in dieser Gesellschaft, zu bestehen. Das war falsch, denn es war nicht ihr Weg, auf den ich sie schickte. Und es ging mächtig schief. Erst als ich die vielen anderen Türen nicht mehr verschloss, sondern diese öffnete und die Kinder alleine die Richtung bestimmen ließ, lernten sie zu fliegen. Sie erkannten ihre eigenen Talente, sie entwickelten ihre Wünsche und leben nun ihre Träume. Und egal, wie du sie siehst, für mich sind sie das Beste, was ich in diesem Leben gemacht habe.
Schaust du ihnen nur einmal genau zu, wenn sie miteinander und auch mit diesem Leben spielen? Siehst

du, wenn sie offen und vorurteilslos auf Menschen zugehen? Spürst die Liebe und den Respekt, den sie dem Leben und sich gegenseitig entgegenbringen? Beachtest du ihre Hilfsbereitschaft und ihr Mitfühlen? Bemerkst du eigentlich ihr Löwenherz hinter ihren Tätowierungen?

Nein, du siehst all das nicht, sie passen nicht in dein Bild. Denn sie ruhen sich in keiner vermeintlich sicheren Komfortzone aus, weil sie Angst vor Veränderungen haben. Sie funktionieren nicht nach deinen Maßstäben, denn sie haben ihre eigenen.

Ein aufregendes Jahr mit meinen Kindern geht zu Ende und ich verspreche dir, sie werden dich auch im kommenden Jahr enttäuschen. Vielleicht werden sie dabei das ein oder andere Mal stolpern, aber glaube mir, du wirst sie nicht mehr fallen sehen, denn sie haben eine genauso durchgeknallte und verrückte Mutter, die die Beiden festhält, wenn Menschen wie du versuchen, sie zu schubsen.

Nun höre und sieh einfach einen Moment hin, wie mein ehemals kleiner dicker, stotternder Sohn mit seinen Worten sein eigenes Leben, mein Leben und sogar dein Leben in seinem Musikvideo reflektiert...

... Und dann sei endlich still!

∞

Ein Liebesbrief an die Freundschaft

Wie lange ist es her, dass wir zusammen die Schulbank drückten? Wie viele tausend Zettelchen waren es, die wir uns während der Unterrichtsstunden gegenseitig zugeworfen hatten? Wie oft durfte ich eigentlich damals auf deinem Moped mitfahren?

Ein Lächeln fliegt mir über das Gesicht bei diesen Fragen. Ja, es ist wirklich über drei Jahrzehnte her, dass ich als Teenager so unheimlich in dich verknallt war, so wie es eben Teenager-Mädels sind. Als wir verschiedene Richtungen einschlugen, um das Leben zu rocken, dachte ich, dass wir uns nie wiedersehen. Ja, manchmal habe ich in all den Jahren an dich gedacht und mich gefragt, wo du bist, was du tust. Aber eben nur manchmal und auch nur ganz kurz.

Und plötzlich tauchtest du wieder in meinem Leben auf. Ich freute mich so wahnsinnig über deine unerwartete Nachricht in diesem Social Network an einem ganz normalen Arbeitstag. Ich las, sprang am Bürotisch auf und hüpfte vor Freude kreischend durch das Büro. Ja, du warst wieder da.

Wir hatten uns so viel zu erzählen, staunten, was bei dem Anderen alles so passiert war in der langen Zeit und irgendwie war es für mich, als ob wir einfach dort weitermachten, wo wir vor dreißig Jahren aufgehört hatten. Da war für keinen Moment das Gefühl, dass ich dir etwas vormachen oder mich verstellen müsste. Das Vertrauen von damals war einfach wieder da, nein... es war noch immer da, war wohl nie ganz weg.

Weißt du eigentlich, wie großartig es ist, dich heute als besten Freund zu haben? Niemanden kann ich mit mir so ungestraft nerven, wie dich. Alle Launen, Emotionen und Gefühlsausbrüche erträgst du. Du hörst mir zu und sagst immer, was ich hören muss, selbst wenn ich es lieber anders hören will. Du bist der, dem ich auf die Frage, ob es mir gut geht, immer ehrlich antworten kann, weil du mir das Gefühl gibst, dass es dich wirklich interessiert. Du nimmst mich ernst, wenn ich mir selber nicht mehr glauben kann und du bleibst an meiner Seite, wenn andere wieder mal gegangen sind.

Du warst es, der in meinen ganz dunklen Momenten für mich da war. Ja, du standest mit Selbstgekochtem vor der Tür, als mich Liebeskummer so zu Boden warf, dass ich das Essen und mich komplett aufgegeben hatte. Du hast mich an diesen furchtbar einsamen Feiertagen zu dir geholt und mir dann einen wunderschönen Weihnachtstag gezaubert. In diesen Zeiten bringst du mir ein wenig das Lächeln zurück. An meinen verrückten Tagen ziehst du mich aber auch schnell mal wieder auf den Boden der Tatsachen zurück, wenn ich vor lauter Lebensfreude und Übermut abhebe.

Nein, wir sind nicht immer einer Meinung, was dieses

Leben angeht und trotzdem streiten wir nie. Wahrscheinlich liegt es daran, dass wir uns gegenseitig so sein lassen können wie wir sind.

Richtig interessant und unverständlich ist diese wundervolle Freundschaft vor allem für die Menschen dort draußen. Es bringt mich so herrlich zum Schmunzeln. Wenn sie ein Foto von dir sehen wollen, bekommen sie eins zu sehen. Du hast keine Ahnung, welche Frau dich schon gern genommen hätte. Sie finden dich schön. Dabei frage ich mich immer, wie sie wohl deine Schönheit sehen können, nur auf einem Foto und ohne ein Wort mit dir gesprochen zu haben. Ich kann nicht sagen ob dein Äußeres schön ist. Denn mir ist egal, wie du aussiehst. Ich weiß nur, DU bist für mich schön, dort drinnen in dir.

Natürlich fragen sie auch, warum wir beide uns nicht als Paar zusammentun oder, wann wohl bei uns die Hochzeitsglocken läuten. Ich habe wirklich sehr viele Male über das Gerede gelacht, aber sie stellten diese Fragen schon so oft, dass ich irgendwann selber darüber nachgedacht habe. Ich fand jedoch ziemlich schnell eine Antwort. Wenn das Leben gewollt hätte, dass wir anders zusammengehören, dann hätte es dafür gesorgt. Ich bin der Meinung, es hat aber etwas viel Schöneres mit uns vorgehabt und uns deshalb unsere Freundschaft geschenkt. Und jeder, der anderes dabei denkt, hat so etwas wahrscheinlich noch nie erleben dürfen.

Nur manchmal, mein Freund, tut mir diese Freundschaft auch schrecklich weh. Immer dann, wenn du diese dunklen Stunden oder Tage hast und ich dir nicht helfen kann, wenn ich so viel Kraft und Humor brauche, um dann auch für dich da zu sein, aber mit meinen Ideen, Ratschlägen und meiner Lebensfreude gegen Mauern laufe. Ich frage mich dann, ob ich auch dir eine genauso gute Freundin sein kann, wie du für mich der tollste Freund bist. Ich weiß es nicht genau.

Doch ich verspreche dir, dass ich es versuche. Vielleicht nicht perfekt, aber dafür jederzeit, immer ehrlich sowie aus tiefstem Herzen und das mindestens für die nächsten dreißig Jahre.

Mein Treffen mit mir

Ich war verabredet, verabredet mit mir, irgendwo am Meer. Es war an der Zeit, mal mit mir selbst ein Wörtchen zu reden, um herauszufinden, was ich an mir ändern musste. Ich fühlte mich anders als andere, wurde von ihnen auch nicht mehr wirklich verstanden. Es galt, den Grund dafür zu finden und eventuell Lösungen.

Da stand ich nun vor diesem großen Wasser, einem Ort, den ich, aus unerklärlichen Gründen, so sehr liebe. Ich schaute weit hinaus und es war, als ob sich alles in mir öffnete, um diese Weite und Kraft, diese scheinbare Unendlichkeit, aufzusaugen. Während mich all das flutete, bekam ich Bauchschmerzen, denn es war so wunderschön, so groß und so still. Die Ostsee lag ganz ruhig da und sie spülte kleine, leichte Wellen an diesem grauen Januartag bis an meine Stiefelspitzen, so als wollte sie mich nur kurz begrüßen.

Ich schaute den langen Strand entlang. Es waren bei diesem Wetter nicht viele Menschen hier unterwegs und sie waren gut überschaubar. Ein erstes leichtes Schmunzeln überkam mich, als ich diese Menschen beobachtete. Sie waren so klein dort hinten und, wie kurios, sie glichen sich alle so unglaublich in ihren dunklen, schwarzen oder grauen Jacken. Kein Farbtupfer, kein Leuchten, was diesen trübenTag ein wenig aufgefrischt hätte. Versteh mich nicht falsch. Ich habe wirklich nichts gegen schwarze oder dunkle Jacken, aber ich suchte zwischen ihnen einen bunten Schal oder wenigstens eine farbige Mütze. No Way! Sie waren sich alle so ähnlich und wirkten auf mich wie eine kleine Herde der Spezies Mensch, deren Zusammengehörigkeitsgefühl so stark ist, dass sie jeden verstoßen würde, der ihr nicht gleicht.

Während ich langsam am Wasser entlang ging, hörte ich im Vorbeigehen Wortfetzen ihrer Gespräche. Da überholten mich die zwei Frauen, welche sich darüber einig waren, dass eine bestimmte Kollegin überhaupt nicht ins Team passt und nun endlich gekündigt wird. Zwei Männer unterhielten sich, sehr wichtig anmutend, über Versicherungen und welche Versicherungssumme am Ende der Laufzeit zu erwarten sein wird. Es kamen mir zwei Herren im gesetzten Alter entgegen, die angeregt über die politische Lage im Land diskutierten. Und dann war da noch das junge Pärchen, welches allem Anschein nach gerade eine Meinungsverschiedenheit wild gestikulierend austrug. Sie alle waren sehr schnell unterwegs, so als hätten sie irgendwem versprochen, diesen Strand mal eben in Rekordzeit abzulaufen.

Ich lächelte in mich hinein. Die Welt ist irgendwie verrückt, dachte ich mir. Oder bin etwa nur ich verrückt? In mir brennt an diesem Ort ein Gefühl von Liebe, Glück, Zufriedenheit, oder wie immer man es nennen mag, und alle anderen schauen nicht einmal dorthin auf das Meer, auf diese Schönheit. Sie sind ständig so sehr mit irgendwelchen anderen Dingen beschäftigt. Schade. Denn mir tat sich hier wieder mal nur ein wichtiger Gedanke auf, nämlich: Dort hinten, wo der Himmel auf das Meer trifft, scheint jemand die beiden nur durch einen Strich, gezeichnet mit einem Bleistift, getrennt zu haben. Und ich fragte mich, wie schon so oft, was wohl passiert, wenn man diese Linie mit einem Radiergummi entfernt. Wird das Wasser den Himmel überschwemmen oder fällt womöglich der Himmel ins Meer? Hätten wir dann quasi den Himmel auf Erden?

Jedesmal aufs Neue muss ich selber über meine irrsinnige Frage lachen. Gibt es da draußen eigentlich jemanden, der Zeit hätte, sich mit ihr und mir auseinanderzusetzen? Wer kann diese Linie, den zarten Strich, am Horizont genau wie ich sehen und den Gedanken mit mir zu Ende spinnen?

Und während ich jede Welle, die an den Strand gespült wurde, betrachtete, wurde mir klar, dass sich das geplante Gespräch mit mir erübrigt hatte. Gar nichts muss ich an mir ändern, nicht das Geringste!

Ich muss nicht denken oder funktionieren, wie andere es gerne hätten. Ich kann jederzeit tun, was mir Spaß macht, ohne dass mein Umfeld es verstehen muss. Ich darf sagen, was ich zu sagen habe, auch wenn ich damit anderen nicht nach dem Mund rede. Auch darf ich lieben, wen und auf welche Art ich will, selbst wenn diese Liebe für andere sinnfrei und ohne „Nutzen" zu sein scheint. Ich erlaube mir einfach weiterhin zu lachen, am liebsten über mich, während andere sich selbst so unglaublich ernst und wichtig nehmen. Ja, und ich darf auch diesen, für mich wahnsinnig beeindruckenden Ort, so stark spüren, dass vielleicht ein paar Tränen der Ergriffenheit fließen. Und für nichts von all dem möchte ich mich ständig erklären müssen. Ich will einfach nur da sein; da sein, sehen und alles intensiv wahrnehmen, fühlen und lieben, was dieses Leben für mich so Interessantes vorgesehen hat. Und dabei wünsche ich mir, dass Menschen mich auch einfach nur so sein lassen, selbst, wenn sie meinen Gedanken und meinem Leben nicht immer folgen können.

Und weißt du was? Falls auch du irgendwann einmal hier an diesem Strand bist und vielleicht sogar wie ich den Strich am Horizont sehen kannst, stell dich einfach nur wortlos zu mir. Und dann lass uns gemeinsam über die Frage grinsen, was wohl passieren würde, wenn wir den Radiergummi benutzen. Wie du mich findest? Keine Sorge, du wirst mich ganz leicht erkennen. Ich bin die, die in ihrem leuchtend gelben Mantel nur so dasteht und staunt...

... über dieses Leben einfach nur immer wieder staunt.

∞

Die abgeschaltete Frau

Heute bin ich bei Facebook auf einen sehr interessanten Beitrag gestoßen. Ein Coach bietet in einer Facebook-Gruppe Frauen seine Hilfe an, endlich nicht mehr Opfer ihrer Gefühle und Emotionen zu sein. Er verspricht, dass er jeder Frau den Knopf zeigen wird, um eben diese Gefühle und Emotionen „unter Kontrolle" zu haben. Ich musste zweimal lesen, einmal laut lachen und dann begann ich über mich nachzudenken, wie oft und wie stark ich unter meinen Gefühlen und Emotionen leide.

Natürlich ist es eine mittelschwere Katastrophe, wenn ich vor lauter Lebensfreude, Spaß und Albernheit so wahnsinnig lache, dass mein Mascara verwischt. Das selbe Leid widerfährt mir übrigens, wenn ich stundenlang vor Traurigkeit weine. Zu allem Übel werden die Augen davon auch noch dick, so dass ein erneutes Auftragen von Wimperntusche gar nicht möglich ist.

Klar trinke ich gerne wie eine Dame aus einem schönen Glas einen guten Rotwein. Aber wenn ich mit den Jungs beim Grillen sitze, darf es bei rauhbatzigen Gesprächen auch mal ein Bier aus der Flasche sein.

Ich fühle mich großartig, wenn mir ein Mann die Tür aufhält, aber meinen Glauben an die Männerwelt verliere ich nicht sofort, wenn ich das auch mal alleine machen muss, bin ja schließlich schon groß. Natürlich zittere ich bei Minusgraden vor Kälte in meinem Kleidchen, aber egal. Ich will mich auch im Winter als Frau und wunderschön fühlen, die nächste Blasenentzündung logischerweise bereits vorhersehend.

Ich kann mit interessanten Menschen bis zum Hellwerden reden und sabbeln ohne Ende. Aber wenn mich jemand mit seinen Worten beeindruckt, bin ich auch einfach mal still, höre stundenlang zu und beobachte diesen Menschen mit all seiner Gestik und Mimik, um seine Schönheit zu sehen, auch wenn es diesen etwas nervös macht.

Wenn ich so richtig wütend bin, passiert es schon mal, dass ich ein Glas durch den Raum werfe. Zerbricht dieses dann wider Erwarten nicht auf dem weichen Teppich, bringt mich das erst recht in Rage und der Duden in meinem Kopf spuckt die schlimmsten Schimpfwörter aus.

Ich bevorzuge in der Öffentlichkeit gepflegte Toiletten, wenn mich dieser natürliche Drang überkommt. Eine bodenlose Ungehörigkeit ist es aber von mir, wenn ich in der rauhen Natur unterwegs bin und mich so gar nicht ladylike in die Büsche hocke.

Ich bin in der Lage den morgigen Nachmittag im Voraus zu planen. Diese Zeitspanne reicht mir aber auch. Alles andere ist irgendwo in weiter Zukunft für mich und am liebsten überfalle ich Menschen mit meiner

Spontanität. Selbstverständlich bin ich maßlos enttäuscht, wenn diese dann in genau so einem Moment, in welchem mich doch so tolle Ideen heimsuchen, einfach keine Zeit für mich haben.

Manchmal laufe ich sinnfrei durch die Gegend einfach nur aus Spaß. Aber an anderen Tagen analysiere ich das gesamte Universum und es tun sich mir Fragen auf, an deren Beantwortung schon so mancher gescheitert ist.

Mein Hintern ähnelt nicht gerade dem von Jennifer Lopez, aber was soll's. Sein Sitzfleisch hat schon so manches Problem einfach ausgesessen. Ich habe keinen Friseur, den ich regelmäßig aufsuche. Eigentlich habe ich nicht mal eine Frisur. Es ist eher so die Kategorie Nest für Fledermäuse. Aber hey, was nützt das schönste makellos sitzende Haar, wenn ich damit nicht im Regen tanzen kann, aus Angst das perfekt und teuer frisierte Haupt zu ruinieren.

Ganz gefährlich wird es übrigens, wenn ich liebe. Dann überrolle ich mein Gegenüber einfach ohne den konditionierten Anstand mit meinen leidenschaftlichen Gefühlen, will frech sein, lieb sein, laut sein, leise sein, streiten, kuscheln und Sex. Wie ungehörig von mir als Frau, auch so etwas zu äußern.

Nein, ich bin nicht die perfekte Frau aus dem Hochglanzmagazin. Und ich lebe ständig so, wie es in diesem Moment für mich gut ist. All das wird von meinen Gefühlen und Emotionen gesteuert. Himmelhoch jauchzend oder zu Tode betrübt. Albern und Ausgelassen oder dann wieder still und nachdenklich, total an mein Umfeld angepasst oder aus der Reihe tanzend.

Ja, es ist schlimm als Frau Opfer der eigenen Gefühle und Emotionen zu sein, sich nicht unter Kontrolle zu haben. Und sollte es dir genauso gehen, kann ich dir diese oben genannte Facebook-Gruppe nur wärmstens empfehlen.

Aber wünschen würde ich mir für dich, dass du einfach so bleibst. Denn ich glaube, so sind wir Frauen phantastisch. Nichts von unserem So-Sein sollten wir abstellen lassen, von niemandem. Lass uns weiter impulsiv, verrückt, undurchschaubar, manchmal unvernünftig und immer für eine Überraschung gut sein. Gerade so, wie unser Gefühl, unser Bauch und unser Herz es in diesem Augenblick verlangt. Denn nur so spüren wir das Leben, welches durch uns fließt, mit allen Facetten. Anpassen war gestern (oder vorgestern?), heute ist leben, lieben, lachen, weinen und noch so viel mehr für uns da. Schäme dich für nichts und unterdrücke auch nichts davon, denn das macht dich einzigartig und wunderschön.

Lass dich bloß nicht abschalten!

∞

Aber ich wollte doch noch...

Gestern war ich zum Kaffeetrinken mit einer ehemaligen Kollegin verabredet. Sie erzählte von dem plötzlichen Tod ihrer Schwester. Diese war bei einem Ostseespaziergang mit ihrem Mann am Strand einfach umgefallen und gestorben. Während ich noch dachte, dass auch ich gerne so sterben möchte, erzählte sie mir, dass sie in den vergangenen Jahren kaum Kontakt zu ihrer Schwester gehabt hat. Ich hörte heraus, dass ihr das nun sehr leid tat.

In mir tauchten Erinnerungen an meine Großtante auf. Sie lebte, nachdem sie als junge Frau von ihrem Mann verlassen worden war, allein. Nein, eigentlich war sie nicht allein. Sie lebte für das kleine Dorf, in dem sie wohnte. Sie engagierte sich für Kollegen, Freunde, die Nachbarn, die Kirche, eigentlich für jeden im Ort.

Zudem war sie eine Meisterin des Backens. Ihre Kuchen, Torten und Kekse kannte und liebte jeder. Sie versorgte auch gerne und liebevoll alle damit, ihr ganzes Leben. Selbst als die Familie sie nach ihrem Schlaganfall in die große Stadt geholt hatte, zauberte sie für die Menschen in diesem Dorf ihre Leckereien am heimischen Herd weiter. Gerade zur Weihnachtszeit bekam sie jedes Jahr von dort sehr viel Besuch. Jeder nahm gerne ihre Plätzchen, Vanillekipferl oder

was immer noch so in unzähligen Stunden im Back-
ofen entstanden war.

Meine Tante war ungefähr 86 Jahre alt, als es ihr
schwer fiel, am Küchentisch und am Backofen freihän-
dig zu stehen. Backen konnte sie nicht mehr. Es kam
die letzte Weihnachtszeit, die sie noch in ihrer eigenen
Wohnung verbringen konnte. Ein Sonnenschein war
sie, immer fröhlich und voller Optimismus. Und sie
sagte so oft: „Nun werden bestimmt die Anderen kom-
men und mir Kekse bringen." Aber es kam niemand.
Sie saß auf ihrem Sofa und wartete, doch es brachte
ihr in diesem Jahr niemand Kekse und Plätzchen aus
dem kleinen Ort. Sie sprach nie Vorwürfe oder ihre
Enttäuschung aus, aber ich konnte sehen, dass sie
traurig war, sehr traurig. Leider sind meine Backküns-
te ziemlich begrenzt. Deshalb blieb mir nur, ihr Kekse
aus der benachbarten Bäckerei zu besorgen. Aber die-
se verdammte Traurigkeit konnte ich ihr damit nicht
nehmen. Denn nicht die Plätzchen waren ihr wichtig,
sondern die Menschen.

Meine Tante starb mit 89 Jahren Heilignacht im Pfle-
geheim. Plötzlich und unerwartet. Auf der Beerdigung
waren sie da, die guten Freunde und Nachbarn aus
dem Dorf. Sie fragten nach Geschichten, die ich ihnen
noch von ihr erzählen konnte. Und immer wieder hör-
te ich Sätze mit „Ich wollte ja noch, aber...", „Ich hatte
leider keine Zeit..." oder „Ach, hätte ich geahnt,
dann...". Was glaubten diese Leute denn? Dass eine

89jährige noch Jahrzehnte wartet, bis sie denn mal Zeit hätten? Ein bisschen verrückt, oder? Ich war still, während die anderen so viel redeten und ich konnte unter Tränen lächeln auf dieser Beerdigung. Schließlich war ich ein paar Tage vor ihrem Tod noch bei meiner Tante gewesen. Meine Tochter hatte auf der Gitarre Weihnachtslieder gespielt und wir sangen mit ihr. Es war so herrlich, diese weißhaarige Frau lächelnd den Refrain von Leonard Cohens „Halleluja" mitsingen zu sehen und zu hören. Sie hatte doch nie englisch gelernt.

Warum schreibe ich diese Gedanken auf? Weil mich Menschen manchmal sprachlos und wütend machen. Solange sie dich gebrauchen können und einen Nutzen von dir haben, sind sie da. Sie heucheln Freundschaft, Verständnis, vielleicht sogar Liebe. Aber dann, wenn du nicht mehr funktionierst, ihnen nichts mehr nützt und sie mit dir nichts mehr anfangen können, fehlt ihnen angeblich die Zeit. Sie „würden" ja oder „hätten ja gerne...", aber sie TUN es nicht. Umgekehrt klappt es übrigens auch ganz gut. Jene, die sich bisher nie für dich und dein Leben interessierten, sind auf einmal da und bekunden ungeheures Mitleid, Verständnis und Fürsorge. Sorry, mich ekelt so viel Falschheit an.

Ich bin nun mal die, die es wirklich ehrlich meint, wenn ich dir sage, dass ich dich mag, dass ich dich liebhabe oder dass du mir wichtig bist. Deshalb bin ich dann auch die, die dich einfach mal grundlos mit ihrer Anwesenheit überfällt. Die, die alles stehen und liegen lässt, wenn du mit mir einfach nur einen Kaffee trinken willst. Manchmal auch die, die ohne Nachzudenken viele Kilometer weit drauf los fährt, nur um ein paar Stunden bei dir zu sein, wenn du gerade den Boden unter den Füßen verloren hast. Ich bin die, die auch mal unangemeldet mit Pizza und Rotwein vor deiner Tür steht, um dich lachend aus deinem Trott herauszuholen. Ich bin auch die, die Zeit hat, wenn du Hilfe brauchst und mal nicht funktionierst. Die, die dir still zuhören, aber dich auch mit Blödsinn zuquatschen kann. Glaub mir, ich habe so viel von dieser Zeit, wenn du sie dann auch von mir möchtest.

Denn unser Körper ist nun mal nicht für die Ewigkeit bestimmt. Die Krankheit, der Unfall oder auch der Tod verkünden ihr Erscheinen in den seltensten Fällen vorher. Sie winken uns nicht rechtzeitig heran, damit wir noch etwas Zeit mit jemandem verbringen können. Deshalb will ich diese wenigen, mir wirklich so wichtigen Menschen nicht verpassen. Ich will mit ihnen leben, lachen und sie lieben. Nicht irgendwann, nicht nächstes Quartal, nicht erst kommende Weihnachten, sondern jetzt und so oft es möglich ist. Auch, wenn ich sie manchmal damit erschrecke.

Denn eines ist sicher. Ich werde nicht eines Tages auf irgendeinem Friedhof stehen und sagen: „Ich wollte doch noch…" Nichts kann wichtiger sein in diesem Leben, als ein Mensch, den wir ehrlich lieben…

… gar nichts!

∞

Die unsichtbare Frau

Du hast mir von dem Mann erzählt, von dem, den du so sehr liebst. Von dem Mann, der dich brennen und deine Seele tanzen lässt. Wenn du von ihm redest, strahlen deine Augen und dein Herz kann man leuchten sehen. Er hat dich vor vielen Jahren schon verzaubert und dieser Zauber hält an. Und doch bist du allein. Allein in den Nächten, an den Wochenenden und auch an den Feiertagen... immer dann, wenn er zuhause ist. Denn sein Zuhause ist nicht bei dir, sondern bei einer anderen Frau.

In all den Jahren hast du so oft gehofft und gewartet, dass er an diesem Abend nicht geht, sondern bleibt, endgültig. Doch er geht immer wieder und er kommt auch immer wieder. Du hast dich tausend Mal selber dafür geohrfeigt, für dein Hoffen, dein Warten und dein Sehnen. Ja, genauso oft wolltest du diese Geschichte vergessen und beenden. Du hast andere Männer kennengelernt, sie getroffen, aber sei ehrlich, eine reelle Chance hatten sie von Anfang an nicht. Wie denn auch? Du kannst nichts in deinem Herzen wegradieren und einfach neu überschreiben. Das funktioniert nicht.

Wie oft hast du in all den Jahren wach gelegen und vom Bett aus in die dunkle Nacht geweint? Wieviele Male hat dich die Sehnsucht nachts zerrissen und die Liebe am Tag dann wieder geflickt? Wie oft hat deine

Hand ihn vergebens morgens im Bett gesucht, wollte ihn nur für einen Moment berühren? Und sag mir, wie oft wünschst du dir, dass er dir endlich diese Tarnkappe, welche du trägst, abnimmt, damit das Versteckspiel aufhört? Du möchtest nicht mehr unsichtbar sein, sondern gesehen werden. Mit ihm gesehen werden, an all den Orten, die du immer noch alleine betrittst.

Lass mich raten, was andere Menschen sagen, denen du von diesem Mann erzählst. Sie sagen, du bist verrückt, du sollst den Typen vergessen und es gäbe doch genügend andere Männer. Er sei ein Feigling, nicht ehrlich, er täte dir doch nur weh und du hättest etwas Besseres verdient. Aber wie oft hast du dir gedacht, sie mögen einfach nur still sein und ihn doch mal mit deinen Augen sehen, so wie du seine Nähe empfinden und ihn so stark fühlen wie du? Sie wissen nicht, wieviel Spaß ihr zusammen habt, wieviel ihr lachen könnt, was ihr für tolle Gespräche führt und (ich vermute) welch großartigen Sex ihr genießt.

Weißt du meine Liebe, ich sage dir wie ich das sehe. Du bist eine wundervolle, starke und mutige Frau. Du kannst lieben, ohne etwas zu erwarten, ohne Bedingungen zu stellen und ohne diesen Mann für dein Leben zu brauchen, denn das bekommst du super allein auf die Reihe. Du machst dein Leben nicht von ihm abhängig. Das können nicht alle Frauen. Ich bin mir auch sicher, dass dieser Mann deine Unabhängigkeit, deine Liebe, die ihn wie eine Wolke in jedem Augenblick, egal wo er ist, umhüllt, die ihn beschützt und hält sowie deine Nähe, die ihn wärmt, unheimlich schätzt. Ja, ich behaupte einfach, dass er dich genauso liebt, egal was andere sagen. Aber vielleicht ist er nicht so stark wie du, vielleicht hat er, anders als du, Angst vor Veränderung, immer noch Angst vor einer Liebe, die er so nicht kennt und der er nicht vertrauen kann. Ich weiß es nicht.

Du verlangst niemals eine Entscheidung von ihm. Aber du wünscht dir so sehr, dass er die richtige trifft, dass er zu dir steht, genauso bedingungslos wie du zu ihm, dass die Tarnkappe verschwindet und du endlich sichtbar wirst. Du wünscht dir, dass ihr jederzeit und überall euer Lachen teilen könnt, dass er deine Hand hält, dann, wenn du endlich nicht mehr allein am Meer spazieren gehen musst. Du möchtest seine Arme spüren, die dich halten, wenn du Halt brauchst und sein Schweigen, wenn du nur sein Herz ganz nah an deinem fühlen willst. Du wünscht dir, bei ihm zu sein, wenn er vor Glück tanzt, aber auch, wenn das Leben ihn zu Boden reißt. Dann besonders.

Ja, all das wünsche ich dir auch. Aber bis dahin sei bitte nicht wütend auf dich selber. Du liebst einfach nur. Daran gibt es nichts Schlechtes. Vielleicht hört das nie auf, vielleicht doch irgendwann, wer weiß das schon?

Nun fragst du dich, warum ich fühlen kann, was du fühlst, weshalb ich dir diese Geschichte nicht ausrede und warum ich deine Liebe einzigartig finde und sie so gut verstehe.

Tja, weil ich so oft abends vom Bett aus in die Nacht weine, weil meine Sehnsucht mich tausendmal schon zerrissen hat, weil meine Hand jeden Morgen neben mir ins Leere greift und...

... weil ich ein ähnliches Modell deiner Tarnkappe trage.

Von der Meute verstoßen

Du hast dich verändert. Du weißt nicht mehr, was, wann und warum das mit dir passiert ist. Vielleicht hat dir das Leben Erfahrungen gebracht, auf welche du gerne verzichtet hättest oder es hat dich irgendwann mal so richtig aus der Bahn geworfen.

Auf jeden Fall ist in dem Moment etwas mit dir geschehen. Und seitdem ist alles anders. Du siehst die Welt plötzlich mit neuen Augen. Du fühlst Vieles, was du früher nie empfunden hast. Du liebst auf einmal anders als vorher und dir sind Dinge nicht mehr wichtig, auf die du einst nie verzichten wolltest. Du krempelst sogar deine bisherigen Prioritäten komplett um. Vielleicht sprichst du auch klarer und versteckst dich nicht mehr. Dein Leben hat sich total auf den Kopf gestellt. Aber für dich fühlt es sich gut und richtig an. Deshalb gehst du raus und erzählst davon, von diesem neuen, anderen Leben. Nein du redest nicht nur davon, sondern du lebst es auch, jeden Tag.

Und plötzlich wirst du feststellen, dass mit deinem Umfeld etwas passiert. Es ist ein schleichender Prozess. Deine Freunde oder deine Familie belächeln dich zunächst, glauben, dass deine neue Leichtigkeit nur eine Phase ist, die vorüber geht. Aber sie geht nicht vorüber, sie manifestiert sich immer mehr. Und dann beginnen sie, dich anders zu behandeln. Sie nehmen dich nicht mehr ernst, halten dich vielleicht für verrückt. Noch findest du das alles lustig und spielst mit deinem neuen Leben.

Aber eines Tages merkst du, dass die Menschen, die dich doch angeblich so gern hatten und immer für dich da sein wollten, sich immer seltener melden. Du nimmst es ihnen nicht übel und suchst dann eben von dir aus wieder deren Nähe. Aber sie beginnen Ausreden zu finden, wenn du sie treffen willst. Die, die noch Zeit für dich finden, werden dir aber nicht mehr zuhören. Sie werden dich irgendwann nicht mehr fragen, wie es dir geht oder wie dein Leben so läuft. Sie werden von sich reden. aber von dir will niemand mehr etwas hören. Und dann kommt der Zeitpunkt, an dem Menschen schleichend aus deinem Leben verschwinden. Es tut weh, du fühlst dich allein und verstehst überhaupt nicht, warum das Leben sie dir nimmt. Aber ich weiß es.

Du funktionierst nicht mehr! Du bist vom Weg abgekommen. Sie haben noch versucht, dich wieder auf den ihren zu ziehen, aber du hast dich gewehrt. Durch dein neues Leben können sie dich nicht mehr gebrauchen in ihren Dramen und Tragödien. Du bist nicht mehr ihr Komplize bei der Jagd nach dem, was sie Glück nennen, weil du deinem ganz eigenen, besonderen Glück begegnet bist. Während sie ständig unzufrieden sind, ertragen sie es nicht, dich lachend und ausgeglichen zu sehen. Weil sie es sich in ihrer sicheren Komfortzone mit Verbitterung, Vorstellungen und dementsprechenden Enttäuschungen so gemütlich gemacht haben, hassen sie deine Lebendig- und Leichtigkeit. Denn für sie darf das Leben nicht leicht sein, das wäre ja schließlich zu einfach.

Die Meute erträgt dein Licht, dein Strahlen nicht mehr. Du blendest sie. Deshalb verstößt dieses Rudel dich. Egal wie oft du noch versuchst, Anschluss zu finden, sie werden dich immer wieder treten, anknurren und wegbeißen. Vielleicht versuchst du, um nicht allein zu sein, den Weg zu ihnen zurück zu gehen. Aber das schaffst du nicht mehr. Denn sie fühlt sich für dich nicht mehr richtig an, diese graue, eintönige Straße, auf der sie im Gleichschritt stumpfsinnig und scheinbar blind dem in deinen Augen Unwichtigen hinterher laufen.

Du kannst dieser zähnefletschenden Meute nur hinterhersehen und dann allein deinen Weg weiter gehen, den Weg, der querfeldein verläuft. Er ist nicht so eben, wie die Straße der anderen. Aber es ist genial, wenn man nicht weiß, was einem hinter dem nächsten Hügel begegnen wird. So kann man neugierig bleiben. Wie schön können Steine auf dem Weg sein, wenn man sie überspringen, sich draufstellen oder sich auch auf ihnen ausruhen kann. Wie wunderbar, wenn man sich für sein Sehen, Fühlen, Denken und Leben nicht mehr rechtfertigen muss.

Ja, vielleicht werden sich sogar ein, zwei oder drei aus

dieser Meute zu dir umdrehen und auch das Rudel verlassen, um dich zu begleiten. Das kann durchaus passieren.

Und weißt du was? Diese wenigen Menschen sind etwas ganz Besonderes, denn ihnen musst du das Leben, dein Leben, nicht mehr erklären...

... sie haben es bereits verstanden.

Leben vs. Panikattacken

Wenn ich versuche, Menschen die Leichtigkeit des Lebens näher zu bringen, stellen sie Fragen. Sie wollen Beispiele. Was nimmt man dann für Beispiele? Am besten doch welche, die man selber erlebt, erfahren und erkannt hat. Eines davon ist meine Geschichte mit den verfluchten Panikattacken.

Diese waren plötzlich da. Irgendwann eines Tages, ohne dass ich sie darum gebeten hatte, warfen sie mich aus der Bahn. Diese Attacken sind der Horror. Wer sie erlebt hat oder immer noch erlebt, weiß, wovon ich rede. Bei jeder einzelnen dieser ungebetenen Erscheinungen beginnt der Kampf ums Überleben. Man ist der festen Überzeugung, dass genau jetzt der Moment des endgültigen Endes gekommen ist und verfällt wirklich in eine kaum auszuhaltene Panik. Der Körper bestätigt sogar, dass er nun aufgeben wird. Die Anfälle können einige Minuten andauern, aber auch Stunden oder sogar Tage.

Ich wusste anfangs nicht, dass es Panikattacken waren, sondern dachte, mein Kreislauf ist irgendwie aus der Bahn geraten. Also habe ich mich durchchecken lassen. Nach mehreren Untersuchungen und zig Stunden bei Ärzten, die alle auf meine Symptome eingingen, stellte meine Hausärztin die Diagnose: Panik!

Ich lernte den Unterschied zwischen Panik und Angst

und bekam Tabletten dagegen. Aber diese Pillen waren nicht in der Lage, die Attacken zu unterbinden. Sie wurden immer krasser und bestimmten irgenwann meinen Alltag. Sie hatten einfach die Kontrolle über mein Leben gewonnen. Ich war nicht mehr in der Lage allein zu bleiben oder allein unterwegs zu sein. Das Autofahren, was ich kurz zuvor gelernt hatte, gab ich vollständig auf, nachdem mich eine Panikattacke während der Fahrt erwischt hatte.

Ich begann mich an Menschen zu klammern. Mein damaliger Partner musste das aushalten. Verließ er das Haus, musste er mich mitnehmen. Wollte ich zu Hause bleiben, musste er auch bleiben. Hatte ich Dinge zu erledigen, musste er mitkommen. Ich wollte beim Sterben einfach nicht alleine sein.

Aber diese Abhängigkeit gefiel mir nicht. Also stellte ich mich diesen Panikattacken und begann zu kämpfen. Ich achtete auf meinen Körper, nahm die Tabletten immer schön regelmäßig und las stundenlang in Foren, wie ich die Kontrolle über mich wiederbekommen könnte. Ich probierte sämtliche Tipps und Tricks aus. Nichts half. Im Gegenteil, je mehr ich kämpfte, desto öfter waren die Attacken da. Da ich bereits morgens nach dem Aufstehen gedanklich in Konfrontation mit dem Feind ging, schlugen sie mir manchmal schon beim Frühstück die Beine weg. Ich starb quasi am Frühstückstisch. Und irgendwann schloss sich dieser teuflische Kreis. Ich hatte Angst vor der Angst! Das bedeutete, es gab nun überhaupt kein Entkommen mehr. Dieses Sterben dauerte einige Jahre, in denen sich die Panikattacken sogar in ihrem Ablauf und ihrer Symptomatik veränderten.

Aber dann kam der Moment, als ich müde wurde. Ich hatte keine Kraft mehr gegen den täglichen Tod anzukämpfen. Ich war gebrochen und gab auf.

Damals hatte ich einen Job in einem anderen Stadtteil. Dazu musste ich allein mit der Straßenbahn fahren. Schon der Gedanke daran ließ mich, wie immer, schwitzen, viel zu schnell atmen und Angst haben. Natürlich kam, was kommen musste, ich hatte mich ja schließlich mental schon regelrecht darauf eingestellt. Während der Fahrt mit der Straßenbahn begann das Sterben. Der weiße Schleier vor den Augen war da, ich bekam keine Luft mehr und die Hitze stieg mir von den Füßen bis in die Haarwurzeln, der Schweiß stand mir im Gesicht. Ich konnte nichts mehr hören und nichts mehr wahrnehmen. Ich hätte sofort an der nächsten Haltestelle aussteigen müssen, so wie gefühlte Millionen Male davor.

Aber ich hatte keine Kraft mehr. Nur ein Gedanke war in diesem Moment da. Okay, Leben, dann lass mich los, dann sterbe ich eben jetzt, hier zwischen den fremden Menschen. Ich lass dich jetzt machen, was du willst. Es ist mir scheißegal, denn ich schaffe es nicht mehr, dich zu kontrollieren. Also saß ich dort am

Fenster, sah auf den kleinen See, an dem ich vorbeifuhr und wartete auf den Tod.

Die Panikattacke war da und ich ließ sie da... zwei Haltestellen lang. Als sie vorbei war, ich wieder hören und sehen konnte und nur der kalte Schweiß mich noch etwas frösteln ließ, wurde mir zum ersten Mal wirklich klar, dass ich gar nichts kontrollieren kann. Alles kommt und geht ohne mein Zutun. Und welch Wunder! Ich hatte überlebt, war doch gar nicht gestorben, obwohl ich den Kampf aufgegeben hatte.

Im Laufe der Zeit wurden die Panikattacken weniger. Ich setzte bewusst die Medikamente ab und hielt jede einzelne Begegnung mit dem vermeintlichen Tod aus. Seit ungefähr fünf Jahren bin ich nun attackenlos, denn ich habe etwas verstanden.

Ich kann nichts von dem kontrollieren, was das Leben mir bringt. Egal wie sehr ich mich wehre, kämpfe und es anders haben will. Wenn es geschehen soll, wird es geschehen. Aber was ich ändern kann, ist meine Einstellung dazu. Wenn ich Dinge, Geschehnisse, Situationen annehmen kann, sie einfach da lasse, erst dann stellt sich innerlich Ruhe ein. Wo kein Kampf stattfindet, wird es dann auch keinen Gegner mehr geben. Scheinbar ausweglose Situationen werden sich auflösen, weil sie keinen Spaß mehr an mir haben. Andererseits werden Dinge geschehen, die sowieso geschehen müssen, egal ob ich in Panik verfalle oder nicht, ob ich sie so gewollt habe, oder nicht. Nein, ich kann das Leben nicht kontrollieren, sondern das Leben macht mit mir was es will, jeden Tag.

Seit ich aber diesem Leben erlaube, mich zu leben, ist es so viel einfacher, leichter und entspannter...

... und das nicht nur im Hinblick auf meine verdammten Panikattacken.

Nenn mich ruhig realitätsfremd!

Slapstick heute im Büro: Meine Kollegin gegenüber liest aus BILD-online irgendwelche Nachrichten vor, bei denen sie sich furchtbar empört. Ich verstehe den Namen Schulz, ansonsten nur Bahnhof. Natürlich frage ich sie, wer denn der Herr Schulz sei. Das wäre doch dieser Kanzlerkandidat. Meine Frage darauf, ob der denn eine Chance hätte, löste auf der anderen Seite des Schreibtisches grölendes Gelächter aus und die Information, dass die Kanzlerwahl schon längst gewesen wäre. Schon lachten wir beide, denn meine Kollegin weiß über mich bescheid.

Ja, es ist nämlich mittlerweile viele Jahre her, dass ich ein letztes Mal Fernseher geschaut habe. Auch Zeitungen sind aus meinem Leben verbannt. Es war keine Absicht und kein Vorsatz, es passierte einfach. Damals war ich an einem Punkt in meinem Leben, der mich aus der Bahn warf. Und plötzlich wurden komplett andere Dinge wichtiger für mich, als Fernsehen. Es war der Moment, in dem ich beginnen musste, über mich und dieses Leben hier nachzudenken, Lösungen zu sehen. Dabei geschah es aus Versehen, dass der Fernseher ausgeschaltet blieb.

Nein, ich vermisse nichts. Weder Fernseher, Zeitungen oder Radio können mir das geben, was ich in den letzten Jahren erleben und an Wissen erfahren durfte. Natürlich werde ich ausgelacht, für desinteressiert, uninformiert, realitätsfremd und naiv gehalten. Ich werde gefragt, womit ich meine Zeit verbringe, was ich an den Wochenenden oder Abenden mache.

Meine Antwort: Ich lebe einfach nur!

Das allerdings seit mehreren Jahren ohne Panikmache, ohne Ablenkung von mir selber, ohne Angst, ohne Zeitverschwendung und ohne Sensationsgeilheit. Mal ehrlich, Dinge sind doch bereits immer schon passiert, wenn sie in den Nachrichten gesendet werden. Also, was kümmert es mich, wenn ich sie doch nicht mehr rückwirkend ändern kann? Vorhersagen, egal ob Wetter oder Politik, sind für mich Vorher-SAGEN, eben nur Geschichten. Ob sie letztendlich wirklich so eintreffen werden, weiß ich doch gar nicht. Also warum davor Angst haben? Bei Bauer sucht Frau, Supertalent, Frauentausch etc. werden Menschen zur Belustigung der Allgemeinheit zur Schau gestellt. Benötige ich die Dummheit anderer, um mich besser und größer zu fühlen? Daily Soaps, Musikantenstadl sowie Rosamunde-Pilcher-Heile-Welt, und was es da noch alles gibt, soll uns dann nach dem Frust, der Angst und der Hilflosigkeit des vorabendlichen Programms wieder das Gefühl geben, diese Welt wäre doch noch in Ordnung?

Sorry, es ist für mich eine Farce und nichts anderes als Ablenkung von uns selbst. Es klappt ja auch wunderbar. Die Menschen reden und diskutieren stundenlang über das, was sie im Fernseher gehört oder gesehen haben, sprechen viel zu selten über sich selber. Sie tauschen sich mit Euphorie über Zombiefilme aus, ohne zu bemerken, dass sie selber wie gesteuerte Halbtote gefühllos durch dieses wunderbare Leben laufen. Sie sind gerührt bei billigen Liebesfilmchen, aber unfähig, selber große, ehrliche Liebe zu leben. Sie bestaunen die weite Welt vom Sofa aus, statt ihre Komfortzone zu verlassen, um mal die wunderbare Welt um sich herum zu entdecken. Manche beenden sogar tatsächlich interessante Gespräche, weil ihre 20.15 Uhr-Serie beginnt. Verrrückt!

Naja, als meine Tochter mir neulich erzählte, dass sie ihre Wäsche nun mit Pods, Wäscheconditioner und Wäscheparfum wäscht, hatte ich allerdings auch das Gefühl in einem schlechten, durch Werbung unterbrochenen Science Fiction Film mitzuwirken. Denn selbst das geht nun vollständig an mir vorbei. Keine Werbung, kein Konsum, kein Haben-Müssen mehr. Das Jagen, Hetzen und Suchen nach Dingen, die mich glücklich machen sollen, hat aufgehört. Ich „brauche" seit einigen Jahren so viel weniger, als in den Jahrzehnten davor.

Und das verschafft mir Unmengen an Zeit. Zeit für Menschen, die mir etwas bedeuten, die mich bereichern, die mit mir nach draußen gehen, die mit mir über sich und mich reden, Menschen, die nach jedem Fallen wieder aufstehen, die mich mit ihren Gedanken und Ideen begeistern, die weinen, aber auch noch lachen und albern sein können; Menschen, die ebenso selber leben, statt nur allabendlich dem absurden Leben auf dem Bildschirm zuzuschauen.

Nein, ich will und kann niemandem verbieten, den Fernseher einzuschalten. Jeder ist für sich selber verantwortlich. Mit Sicherheit gibt es auch Viele dort draußen, die gezielt und ausgewählt das Fernsehprogramm schauen, statt sich unaufhörlich mit jedem erdenklichen Schwachsinn berieseln zu lassen.

Aber für mich hat dieses Gerät nun mal keine Bedeutung mehr und deshalb möchte ich so gerne daran erinnern, dass dort draußen, außerhalb des 75-Zoll-TVs, auch ein großartiges Programm mit dem Titel „Einfach nur leben" läuft. Und dieses ist voll mit Highlights, mit unvergleichlichen Klängen, in wunderschönen Farben, mit so vielen unterschiedlichen und liebenswerten Charakteren, es ist so unglaublich spannend und sprüht vor Liebe. Man kann dieses phantastische Programm sogar riechen, atmen und anfassen. All das auf nur einem Kanal, wenn man ihn empfangen kann.

Bevor mich jemand fragt... Ja, tatsächlich hängt auch bei mir noch einen Fernseher an der Wand. Den benutze ich sogar, denn selbst ich sehe gerne mal einen guten Film. Im letzten Jahr waren es genau vier Filme, die ich sah und ich kann sie alle noch mit Titel benennen, weil sie mich begeisterten und ich mich bewusst für sie entscheiden konnte.

Aber einer dieser Filme bleibt mir für immer besonders im Gedächtnis. Denn diesen durfte ich gemeinsam mit einem Menschen erleben, den dieser Film genauso wie mich tief berührt hat, der ihn genauso fühlen konnte und für den dieser Fernsehabend mit mir damals mehr als nur ein unnützer Zeitvertreib war.

Und nur solche einfachen Szenen haben noch Bedeutung in meinem eigenen Film, in meinem Leben.

Sonst nichts!

Oma, wo bist du?

Ich kann dich manchmal nicht verstehen, Oma. Das sind diese schlechten Tage, an denen deine Worte keinen Sinn mehr ergeben. Dann hast du vergessen, dass ein Baum auch Baum heißt. Du weißt dann nicht mehr, dass die Wolken einfach nur Wolken genannt werden und eine Tasse einfach nur eine Tasse ist. Das sind auch diese Tage, an denen du mich nicht mehr mit meinem Namen ansprichst, weil er dir nicht mehr einfällt. Ich hatte so große Angst davor, dass das passiert.

Seit fast zwei Jahren wohnst du nun schon hier in diesem Haus. Damals hast du noch sehr gut erkannt, wohin du gebracht wurdest und du hast dich gewehrt. Du wolltest dir von niemandem helfen lassen, wolltest nicht, dass fremde Menschen dich anziehen, waschen und einfach so deine Privatsphäre betreten. Du wurdest laut und hast viel geweint. Ich habe die blauen Flecken an deinen Handgelenken gesehen, dort, wo man dich festgehalten hatte, aber niemand hat mir geglaubt. Mir blieb nur, mit dir mitzuweinen.

Und nun gibt es diese Tage, an welchen du meinen Namen nicht mehr weißt. Aber wenn ich dein Zimmer betrete und du mich anlachst, weiß ich, dass du mich wenigstens noch erkennst. Ist alles nicht schlimm, Oma, denn Namen sind ohnehin nur Schall und Rauch.

Manchmal spielen wir beide Mensch-Ärge-re-Dich-Nicht. Die Zahlen auf dem Würfel erkennst du noch und das Zählen der Spielfelder klappt auch noch ganz gut. Dass du manchmal deine Spielfiguren in die falsche Richtung bewegst, ist nicht tragisch. Weißt du, denn egal in welche Richtung wir gehen, die Hauptsache ist doch, dass wir ans Ziel kommen und uns überhaupt noch bewegen und nicht stehen bleiben.

Als ich dich mit deinem Rollstuhl im Sommer in den kleinen Park schob, erzähltest du mir, dass du manchmal zum Himmel winkst. Du sagtest, dass all jene, die bereits vor dir gegangen waren, von dort oben auf dich schauen und aufpassen. Du hast dich darüber so wahnsinnig gefreut, dass ich einfach mal mit dir gemeinsam dort hinauf gewunken habe, denn vielleicht hast du ja recht.

Wir schauen uns ständig, wenn ich dich besuchen komme, die alten Fotos an; jene alten Schwarz-Weiß-Bilder, auf denen du so jung und wunderschön bist, aber auch all die anderen Fotos aus deinen fast 90 Lebensjahren. Es sind immer dieselben Bilder die ich dir zeige und doch freust du dich so sehr darüber, als würdest du sie zum ersten Mal sehen. Und wenn du dabei lächelst, weiß ich, dass es für dich wirklich immer wieder das erste Mal ist.

Nein, Oma, ich rede nicht mit dir, wie die anderen.

Denn du bist kein kleines Kind, nur weil du deine Puppe fütterst und stundenlang ein Malbuch für Dreijährige ausmalst. Ich erzähle dir, wie früher, alles, was in meinem Leben passiert, zeige dir die neuesten Fotos auf meinem Smartphone, erzähle dir von neuen Menschen in meinem Leben und wir lachen gemeinsam über die Männer. Ich muss dich nicht wie ein Kleinkind befragen, welche Farbe wohl das Blatt am Baum hat, ob du noch weißt, wie alt du bist oder wie ich heiße. Warum tun andere Menschen das? Ich sehe in deinen fragenden Augen, dass es dir doch so weh tut, wenn du keine Antwort mehr finden kannst.

Du lebst in deiner eigenen kleinen Welt. Dort ist es jetzt friedlich, ruhig und dich interessiert nicht mehr, was gestern war oder morgen geschehen wird. Wir zwei sind einfach nur da in diesen Momenten. Wenn ich dir still zuschaue und zuhöre, frage ich mich so oft, ob es dort schön ist, wo du jetzt lebst. Ja, ich denke, es ist schön dort, weil du wieder mit den Augen eines Kindes sehen kannst.

Manchmal hälst du meine Hand, Oma, und wir müssen nichts sagen. Es wäre in diesen Momenten auch egal, wie verrückt und durcheinander deine Worte sind. Ich weiß, dass du mich verstehst; meine Freude am Leben, aber auch meine Traurigkeit und meine Tränen, genauso, wie du mich immer verstanden hast.

Ja, du hast mir mein ganzes Leben lang deine Hand

gereicht. Wenn ich stolperte, hast du mich festgehalten, wenn ich fiel, halfst du mir wieder auf und wenn ich mich verlief, zog deine Hand mich wieder in die richtige Richtung. Nun ist es an mir, dich zu verstehen sowie ab und zu deine Hand zu halten, wenn dir die Kraft fehlt, um dich noch ein kleines Stück durch diese Welt zu führen, die doch nicht mehr deine ist.

Und wenn wir wortlos unser Hände halten, weiß ich, dass ich niemals vergessen werde, wer du für mich bist...

... selbst, wenn du eines Tages vergessen haben wirst, wer ich bin.

Wenn Liebe anders ist

Vor einigen Jahren zeigte mir jemand den Videomitschnitt eines Seminars von Kurt Tepperwein. An das Thema kann ich mich nicht mehr erinnern. Aber ich erinnere mich an eine Dame, die Herrn Tepperwein vorklagte, dass sie immer noch einen Mann liebe, der sich irgendwann gegen sie entschieden hatte und zurück zu seiner Ehefrau ging. Sie wollte wissen, was sie dagegen tun kann, denn schließlich wäre die Liebe zu diesem Mann nun sinnlos. Herr Tepperwein grinste und fragte die Frau, wo denn ihr Problem sei. Er könne keines erkennen. Sie solle doch einfach weiter lieben. Die Frau versuchte nochmals, ihm ihr Leid zu erklären, aber bekam wieder die gleiche Antwort. Ich schaltete damals dieses Video ab und dachte mir, der Typ spinnt. Warum sollte die Frau weiter lieben? Sie leidet doch dann bloß. Ich verstand es damals nicht.

Heute, einige Sommer älter, habe ich verstanden. Liebe kann man nicht abschalten. Dafür gibt es keine Meditationen, keine Heilung, kein Entkommen, Verdrängen, Loslassen oder was immer manche sonst noch so erwarten von den vielen sich tümmelnden Coaches, Trainern oder Gurus. Mir sagte jemand, wenn Liebe ehrlich ist, hört sie niemals auf. Und genau das ist der Punkt.

Wenn sie ehrlich ist, hört sie jedoch auf zu erwarten. Denn alles, was sie erwartet, ist nur das, was wir darüber gehört und gelernt haben. Uns wurde beigebracht, wie Liebe zu sein hat. Man hat ihr einen romantischen Touch gegeben, so wie er uns in Hollywood-Filmen suggeriert wird. Bei dem Wort Liebe denken wir an Harmonie, an verliebte Gesten des anderen, an ständiges Füreinander-Da-Sein, an die Worte „Ich brauche dich", an Händchenhalten und für immer und ewig beieinander sein. Das mag es alles geben. Aber wie schnell ist Liebe wieder verflogen, wenn klar wird, so läuft es nicht 365 Tage im Jahr? Was passiert denn, wenn der Alltag nicht immer rosarot ist? Wie schnell ist die große Liebe verschwunden, wenn der Partner sich weiter oder in eine andere Richtung entwickelt? Was ist denn, wenn er/sie nicht mehr so funktioniert, wie wir uns das vorgestellt haben? Schnell ist es vorbei mit der filmreifen Liebe.

Aber wenn Liebe keine Bedingungen stellt, wenn sie aufhört zu brauchen und nach einem Sinn zu suchen, wenn sie die Gegebenheiten so annimmt wie sie sind, wenn der Mensch, den wir lieben, nichts mehr dafür tun muss, um von uns geliebt zu werden, wenn es keine Gründe mehr für diese Liebe gibt... Was sollte dann der Grund sein, dass sie wieder verschwindet? So bleibt sie, hört eben niemals auf, weil sie ehrlich ist und der Andere nur noch für sein Dasein geliebt wird.

Die Dame aus dem besagten Seminar kämpft. Sie kämpft einen Kampf, den sie nicht gewinnen kann, nämlich den gegen sich selbst. Und dieser Kampf macht mürbe, wirft einen zu Boden und kostet Kraft. Wenn diese Liebe jedoch einfach so sein kann, dann ist sie frei, frei von allem, was ihr schaden könnte und sie ist leicht. Also, warum sie nicht auch einfach so da lassen? Weil man dann leidet?

Nein, Liebe lässt nicht leiden. Vielleicht ist es das Vermissen und die Sehnsucht nach der Nähe dieses Menschen, die einen zerreißt und traurig macht. Ja, das kann manchmal sehr weh tun.

Aber niemals lässt ehrliche Liebe leiden. Im Gegenteil, sie wird dir bei jedem Gedanken an den Anderen ein Lächeln ins Gesicht zaubern und das vollkommen ohne Grund. Ich bin mir sogar ziemlich sicher, dass so eine Liebe, ohne Bedingungen oder Gründe, immer dort ankommt und gefühlt wird, wo sie hingehört, auch ohne Sehen, ohne Worte und erst recht, ohne einander dafür zu brauchen.

Dann wird sie berühren, ohne den Anderen dafür berühren zu müssen und wer weiß denn schon, was das Leben daraus noch macht?

Die Geschichte mit den blöden Erwartungen

Ja, es ist zum Mäuse melken. Ständig werden wir enttäuscht. Wir haben uns etwas vorgestellt, etwas erwartet und nichts läuft so, wie gedacht. Auch mir ging es ziemlich lange so. Um ehrlich zu sein, liegt meine letzte Enttäuschung noch gar nicht so lange zurück. Aber weil ich ständig gelitten habe, unter diesen enttäuschten Erwartungen, nahm ich die ganze Sache mal unter die Lupe.

Da steckt doch in dem Wort ERWARTUNGEN tatsächlich das Wort WARTEN. Okay, ich hatte verstanden. Wir warten also. Die nächste Frage, die sich mir stellte, lautete: Worauf warten wir? Natürlich warten wir darauf, dass sich etwas ERFÜLLT. Ohje, da steckt nun das Wort FÜLLE drin. Also fasse ich zusammen: Wir warten auf die Fülle!

Was ist denn diese Fülle? Wahrscheinlich ist sie für jeden etwas anderes. Ist Fülle das, was uns glücklich machen soll? Was ist Fülle für dich? Ist es das große Geld, die uneingeschränkte Freiheit, die große Liebe? Darauf wartest du also, wenn du etwas erwartest? Verrücktes Wortspiel, oder? Und irgendwann merkst du, dass sich nichts davon erfüllt. Keine Fülle da! Also Leere?

Warum ständig etwas erwarten, was sich vielleicht nie erfüllt, weil es eben nichts als nur unsere eigenen Vorstellungen sind? Dieses Warten kostet uns so viel Lebenszeit und, sorry, diese Zeit ist mir zu kostbar. Ich jedenfalls habe solche Erwartungen einfach mal abgeschaltet. Nein, ich gebe zu, es ist nicht ganz so einfach. Sowas passiert nicht von heute auf morgen. Aber es ist möglich. Stell dir doch mal vor, wie es wäre, wenn du keine Erwartungen mehr an andere Menschen stellst und sich somit auch keine Möglichkeit mehr ergibt, von ihnen enttäuscht zu werden. Traumhaft, oder? Denn deine Erwartungen sind ja vielleicht nicht die des Anderen und was dich (er)füllen soll, kann dir doch sowieso niemand anderes geben.

Ich bitte dich, erWARTE nicht das große Geld, sondern schau intensiv auf dein Leben und nach draußen in diese wunderschöne Welt, dann erkennst du, wie reich du doch eigentlich bist. Lass dich von niemandem in seine Richtung ziehen, geh deinen eigenen Weg, denn dann bist du schon unheimlich frei. Erwarte nicht, geliebt zu werden, sondern liebe selbst bedingungslos, dann wird dir Liebe mit großer Wahrscheinlichkeit, vielleicht sogar ganz anders als bisher erwartet, zurückgegeben. Sieh nur hin, da ist keine Leere.

Wenn du all das schaffst, wirst du erkennen, dass die Fülle bereits da ist und es nichts mehr zu erfüllen gibt, nichts, auf was du ständig warten, was du erwarten, musst. Und ich verspreche dir, dass erst dann die schönsten Dinge in deinem Leben passieren. Dann, wenn du neugierig und vollkommen losgelöst von Erwartungen jeden Tag in dieses Leben springst, werden plötzlich die tollsten Augenblicke geschehen, Begebenheiten, die du so vielleicht nie erwartet hast. Keine Enttäuschungen, sondern pure Lebensfreude und Leichtigkeit, ja, sogar Liebe, werden dich füllen; werden sich erfüllen.

Okay, ich gebe zu, wenn ich jeden Morgen ins Büro gehe, erwarte ich schon, dass mein Chef mich zum Monatsende bezahlt. Wenn ich mir eine neue Waschmaschine kaufe, erwarte ich selbstverständlich, dass sie mir zum Stichtag geliefert wird. Aber dafür habe ich ja auch Verträge abgeschlossen, die eingehalten werden sollten. Mit dem Leben jedoch habe ich keinen Vertrag abgeschlossen. Das Leben hat nichts unterschrieben.

Denn unser Leben ist nichts als ein wahnsinnig aufregendes Spiel und der Würfel bestimmt, was als nächstes mit uns passiert. Vielleicht würfeln wir die Sechs, dann geht es eine Zeit lang mit großen Schritten voran und bei einer Eins werden wir gezwungen, eventuell mal etwas kürzer zu treten. Vielleicht müssen wir auch mal eine Runde aussetzen. Wir können jedoch nie erwarten, dass der Würfel uns ständig Sechsen beschert. Aber egal wie, mit Sicherheit kommen wir immer irgendwo an, eventuell auch ganz anders, als von uns erwartet.

Und so ein Spiel ist doch total aufregend und macht unglaublich viel Spaß.

Also komm und spiel einfach mit!

Spiegelbilder

Ich hatte dich nicht gebeten, in mein Leben zu treten. Erst recht war ich nicht auf dich vorbereitet. Du bist einfach hereingeplatzt, brachtest mich durcheinander und zu allem Übel hattest du auch noch etwas mitgebracht. Eine Menge Spiegel.

Ungefragt hieltest du sie mir vor, einen nach dem anderen. Zuerst zeigtest du mir den Spiegel der Liebe. So viel Liebe, dass ich betrunken davon wurde. Ich sah, dass ich Liebe bin, dass ich lieben darf und sogar, dass ich geliebt werden kann.

Als du der Meinung warst, dass ich diese Lektion verstanden habe, folgten all die anderen Spiegelbilder. Ich erkannte verloren geglaubte Stärke, Mut, Entschlossenheit, aber auch Verletzbarkeit, Stille und endlich auch mal Schweigen. Da ist so viel, von dem ich nicht mehr wusste, dass es zu mir gehört und alles das resultierend aus deinem ersten Spiegel.

Ich weiß nicht, ob es gut für mich ist, ob du gut für mich bist. Aber alles, was du mir zeigst, bin ich. Es ist faszinierend und verwirrend zugleich, sich so wieder zu erkennen.

Und jedes Mal, wenn ich komplett durcheinander in einen deiner Spiegel schaue, dich und mich frage, ob es - ob ich - so richtig bin, nickst du, ohne Worte. Du hältst nur die Spiegel, mit denen du sagst, ich bin okay, so wie ich bin, vollkommen egal, was andere behaupten.

Aber sieh her! Auch ich halte seit Beginn unserer Begegnung einen Spiegel. Ich möchte, dass du genauso hinschaust. Ja, ich zeige dir dich. Selbst, wenn du dich ebenso dagegen wehrst, wie ich mich gegen deine Spiegel. Erkennst du, was ich erkenne? Dreh dich nicht ständig weg, sondern sieh endlich, was ich sehe.

Ich verspreche dir, dass ich diesen Spiegel jedes mal, wenn er beschlägt, wieder putzen werde, damit er für dich klar bleibt, selbst, wenn das Leben mal eine Weile nicht klar ist.

Wie lange wir dieses Spiegelbild–Spiel spielen werden, weiß ich nicht. Vielleicht solange, bis wir verstanden haben, wozu das Leben uns unsere Begegnung geschenkt hat, bis wir uns nicht mehr gegenseitig spiegeln müssen.

Aber bis dahin halte ich für dich nur einen einzigen Spiegel...

... nur den ersten. Denn mehr habe ich nicht.

∞

Wie rücksichtslos!

Ich halte mich schon für einen sehr empathischen und rücksichtsvollen Menschen. Ich kann zuhören, verstehen und mitfühlen. Aber seit einiger Zeit frage ich mich: Wo hört Rücksichtnahme auf und wo fängt dann die Selbstzerstörung an?

Google wurde von mir nach einer Definition des Wortes „Rücksicht" befragt. Die Erklärung: „...umsichtiges Verhalten, bei dem man die Bedürfnisse und Wünsche anderer Menschen beachtet". Danke Google! Aber was ist mit meinen eigenen Befürfnissen und Wünschen? Wie weit kann und muss ich Rücksicht nehmen?

Ist es wirklich noch okay, wenn ich aus lauter Rücksicht ersticke, weil ich nicht mehr sage, was durch mich gesagt werden will, wenn ich platze, weil ich Gefühle, Emotionen und alles, was durch mich fließt, nicht mehr zeigen, nicht mehr hinauslassen und leben kann? Muss ich mein Feuer löschen und mein Licht dimmen, weil sich andere sonst daran verbrennen oder geblendet werden? Ist es richtig, wenn ich stagniere, weil mein Weitergehen Menschen enttäuschen würde? Wo bleibe ich selbst, wenn dieses Leben mich immer wieder anschubst und sagt: „Hey du, tu, was du tun musst, sag, was du zu sagen hast, fühle, was da ist und lebe, was geschieht." und ich mich immer wieder dagegen wehre, weil ich ja rücksichtsvoll zu sein habe?

Rücksicht bedeutet, dass ich rücksichten muss. Ich soll ständig zurückschauen, wer mir folgt und wer gerade hinter mir geht. Jene könnten nämlich straucheln, stolpern oder stürzen, wenn ich plötzlich die Richtung ändere, wenn ich springe, unerwartet anhalte oder auch selber zu Boden falle. Sie verlassen sich darauf, dass ich so funktioniere, wie sie es brauchen. Mein Weg, meine Worte oder auch mein Handeln darf ihre kleine selbstgefällige Welt, ihre sichere, bequeme und gemütliche Komfortzone und ihre festgefahrenen Vorstellungen von diesem Leben nicht durcheinanderbringen. Dabei gäbe es genügend andere Optionen. Sie könnten neben mir gehen oder mich überholen. Sie könnten auch eine andere Richtung einschlagen oder sogar umkehren. Sie müssen ihre Erwartungen nicht auf mich projizieren.

Nein, ich rede hier nicht von egoistischer Rücksichtslosigkeit oder von ignoranter Selbstgefälligkeit. Ich rede lediglich davon, (er)leben zu können, was durch mich gelebt werden will, davon, auszubrechen, wenn sich die Rücksicht auf andere nicht mehr gut anfühlt, wenn sie weh tut, wenn ich mir damit selber im Weg stehe und wenn diese Rücksicht in mir zerrt und zieht.

Ich will niemanden verletzen, wenn ich rücksichtslos agiere. Deshalb werde ich mich erklären und verständlich machen, wie es sich in mir anfühlt und warum ich nun auch mal keine Rücksicht nehmen kann. Wer neben mir geht, wird meine Sicht mit mir teilen können und es verstehen. Wer aber stumpfsinnig hinter mir, seiner Erwartung, hinterherläuft und sich darauf ausruht, wird enttäuscht werden und kein Verständnis dafür aufbringen.

Und wer nicht einmal versucht, meine rücksichtsvolle Erklärung und mein Leben zu verstehen oder wenigstens zu tolerieren, kann von mir dann auch nicht mehr berücksichtigt werden.

Dann bin ich eben einfach mal rücksichtslos.

Es ist nur mein Schutzschild

Du glaubst, du kennst mich. Du warst dir bisher sicher, mich immer so zu sehen, wie ich bin. Es stimmt, du kennst mich wirklich schon lange und wir reden so unwahrscheinlich viel über das, was uns Freude bereitet, was uns traurig macht und darüber, wie wir das Leben sehen. Aber wir sind meistens allein dabei.

Nun hast du mich aber gesehen und erlebt, warst dabei, als ich Zeit mit anderen Menschen verbrachte und du warst ein wenig erschrocken. Du sagtest so etwas in der Art wie: „Du bist anders." und „Du bist so abweisend, als wolltest du niemanden an dich heranlassen." Was hat dich irritiert? War ich zu laut, zu frech oder auch viel zu fröhlich? Dann hast du richtig gesehen, denn genauso ist es!

Weißt du, da draußen reden sie ständig davon, dass wir keine Mauern um uns bauen, dass wir offen, ehrlich und voller Vertrauen anderen begegnen und uns zeigen sollen. Glaube mir, ich habe es versucht. Mehrmals. Eigentlich viel zu oft. Es ist Blödsinn und funktioniert nicht!

Da waren so einige dieser Menschen, die mir sagten, dass ich sein kann, wie ich wirklich bin, mit meinen schönen aber auch mit meinen eigenartigen Seiten. Sie sagten auch, dass sie mit all dem, was ich hinter Schloss und Riegel hielt, behutsam, respektvoll und liebevoll umgehen würden. Sie haben Stein für Stein abgebaut und dabei versprochen, dass sie auf das, was sie dahinter finden werden, sehr gut aufpassen würden. Aber nichts davon haben sie getan.

Jedes Mal, wenn ich schutzlos dastehe, bin ich nicht nur offen für den Anderen, sondern auch aus mir fließt alles raus, was bisher gut von mir behütet wurde. Da sind unbändige Lebensfreude, verrückte Gedanken, so wahnsinnig viel Gefühl, Liebe, Vertrauen und Ehrlichkeit. Alles das lasse ich den Anderen mit voller Wucht spüren, hören und sehen. Doch früher oder später, dann, wenn ich alles von mir gegeben hatte, jeden Gedanken, jedes Wort, jedes Gefühl und auch jede Berührung, haben sie erbarmungslos danach getreten. Es hat jedesmal so weh getan. Und wenn ich vor Schmerzen am Boden lag, haben sie sich umgedreht und sind gegangen. Sie schauten nicht einmal mehr zurück, sondern ließen mich mit meinen Wunden allein. Ihre Worte waren nichts mehr wert und mein Raum, in welchen ich sie hinein gelassen hatte, war komplett zerstört und ausgebrannt. Es dauerte jedesmal so verdammt lange, ihn wieder herzurichten. Und du wunderst dich, warum ich ihn wieder durch ein Gemäuer schütze?

Wir spielen alle unsere Rolle hier in diesem Film des Lebens. Und was du nun von mir gesehen hast, war eine meiner vielen Rollen. Sie dient dem Selbstschutz, ist ein Überlebensmechanismus, der sich verselbstständigt hat. Ich habe keinen Einfluss darauf. Dieser Schutz setzt mittlerweile automatisch ein, wenn Nähe droht.

Du glaubst, du kennst mich. Ja, ich habe für dich schon längst einen Großteil der Mauer abgetragen. Du durftest bereits sehr weit in meinen Raum hineinsehen und etwas habe ich für dich schon herausgelassen, das Vertrauen. Wäre es anders, hätte dir gar nicht auffallen können, was dir nun aufgefallen ist. Aber selbst für dich kann ich nicht alle Steine von mir stoßen. Nein, ich weiß nicht, ob ich dich jemals diesen Ort in mir ganz betreten lassen werde. Denn ich will dich nicht auch verlieren. Will nicht, dass auch du gehst, ohne zurückzuschauen, nur weil du vielleicht mit dem, was du siehst, hörst oder fühlst, nicht umgehen kannst, weil du es einfach nicht verstehst. Ich möchte nicht, dass ausgerechnet du mir genauso weh tust.

Deshalb schütze ich mich selbst und all das, was mich immer noch ausmacht. Und manchmal schütze ich mich damit auch vor dir...

... genauso wie du dich wahrscheinlich vor mir schützt.

∞

Wenn Wahrheiten sich nicht bewahrheiten

Da sitzen wir beide nun hier zusammen beim Kaffee und plaudern. Wir lachen sogar ein wenig und tauschen uns aus, was in der letzten Zeit bei jedem so geschehen ist, was uns bewegt. Ja, wir hören uns zu, aber ich dir besonders. Und ich beobachte dich sehr genau dabei.

Du hörst irgendwann auf zu lachen und beginnst wieder davon zu reden... von spirituellen Pfaden, Schamanen, dem Einfluss der Sterne und des Mondes auf dich, von der Heilung deines inneren Kindes, von schwarzer Energie, von Erzengeln und von Göttern. Ich weiß, wovon du sprichst, weil ich eine Zeitlang versucht habe, dir zu folgen. Es hat sich also nichts geändert. Ich sehe, dein Leben läuft immer noch ziemlich orientierungs-, lieb- und erfolglos. Und du? Du suchst unverändert nach den Gründen dafür, nach Schuldigen und nach einem Ausweg aus diesem Dilemma. Dafür hast du dich selbst in fremde Hände abgegeben, vor einigen Jahren schon.

Sogenannte Heiler, Gurus, Astrologen, Wahrsager, Schamanen und das ein oder andere Medium haben in der Zwischenzeit schon ziemlich gut an dir verdient, weil du ihnen die Verantwortung für dich übergeben hast. Sie leben schließlich von deinem Leid und deinem Geld. Sie versprechen dir dafür die Rettung aus eben diesem Leid, sie prognostizieren dir sogar Liebe sowie andauerndes Glück und Erfolg. Alles das, was du vermisst.

Aber schau doch mal, was hat es dir in all den Jahren der Suche gebracht, außer zur Monatsmitte bereits ein leeres Konto? Okay, manchmal geht es dir nach einer Session, einem sogenannten Energieaustausch, dem hundertsten Webinar oder Ähnlichem zwar für eine Weile gut und du posaunst heraus, dass es nun aufwärts geht, aber diese Euphorie hält immer nur kurz an. Und das Loch, in das du anschließend fällst, ist jedesmal tiefer und dunkler als das vorherige und es dauert von Mal zu Mal etwas länger, bis du wieder herausgeklettert kommst. Wenn so das Ergebnis deiner angeblichen Erleuchtung aussieht, bin ich ziemlich froh, dass ich diesen Weg rechtzeitig verlassen habe.

Deine Heiler und Helfer sind allerdings schlau. Sie präsentieren dir Schuldige, so dass du dich nicht selbst reflektieren musst. Sie schicken dir Energien, Engel und Meditationen, welche dich vor diesen Schuldigen und ihren dunklen Kräften retten sollen. Wenn es nicht klappt, probieren sie es eben mit einer anderen kostspieligen Methode. Das nennt man Kundenbindung, glaube ich.

Und was ist mit der Liebe und dem versprochenen Glück? Schon auf Rechnung schick verpackt geliefert bekommen? Wohl kaum!

Weißt du, auch ich werde überflutet von Unmengen an „Wahrheiten". Das Netz ist voll damit und geht auch an mir nicht ungesehen vorbei. Aber welche Wahrheit ist wirklich wahr und zu welcher gehöre ich? Es gibt zu Viele, die jeweils IHRE Wahrheit laut verkünden. Dazu gesellen sich auch gerne noch die unzähligen Mitläufer, die Nachahmer, die Trittbrettfahrer, die stumpfsinnigen Ja-Sager und die brav Glaubenden, Folgenden und Dumm-Kommentierenden, die jene Wahrheiten letztendlich unverstanden wiederum für ihre eigenen verkaufen. Wem also soll ich glauben? Woher weißt du, wem du glauben kannst? Ist so ein Glaube nicht auch schon wieder sinnfrei?

Du hast so viele Jahre mit deinem Suchen verschenkt, ohne etwas gefunden zu haben. Stattdessen hast du so viel verloren von deiner Lebensfreude, deinem Humor, deiner Leichtigkeit und deiner Spontanität. Dein Lachen ist so viel weniger geworden, weil für dich nun immer alles einen Sinn machen muss, weil du für alles, was im Leben geschieht, eine Erklärung suchst. Nichts darf mehr ohne ernsthaften Grund oder einfach nur aus Spaß passieren. Das Leben hat aber nur einen einzigen Grund. Es will gelebt werden, mit allem was da so erscheint. Mal laut, mal leise, mal fröhlich, mal traurig, manchmal mit einer ganz eigenen Bedeutung und sehr oft auch einfach nur sinnlos und albern. Dabei ist es bunt und spannend. Es geschieht nun mal und niemand kann eingreifen und es für dich anders gestalten, egal, was sie dir versprechen oder wieviel Geld du ihnen dafür bezahlst.

Ja, ich habe dich sehr genau beim Reden beobachtet und als du an diesem Abend wieder gehst, schaue ich dir ein wenig traurig einen Moment länger hinterher. Während ich die Tür hinter dir schließe, ist mir klar, dass auch ich dich nicht retten kann und es tut ein bisschen weh, dich so zurück in den Strudel derer ziehen lassen zu müssen, die bereits das nächste schwarze Loch für dich graben...

... und dieses wieder einmal tiefer und größer als alle bisherigen.

Verplante Träume und geträumte Pläne?

Du kennst das. Mit irgendjemandem sprichst du über das, was du dir wünschst, was du unbedingt in deinem Leben noch sehen, erleben oder erreichen möchtest. Du erzählst jemandem deine Träume. Und dann passiert es. Du wirst belächelt, erntest Kopfschütteln, es wird abgewunken oder im schlimmsten Fall wird auf dich eingeredet, dass du das vergessen sollst, es wären nur Hingespinste. Ich sage dir, lass denjenigen reden. Er kann dich nicht verstehen, weil er Träume und Pläne verwechselt.

Ein Plan ist an einen festen Ablauf gebunden. Es ist eine To-Do-Liste. Punkt für Punkt wird abgearbeitet, um das Ziel zu erreichen. Und Pläne beinhalten immer ein bestimmtes Zeitfenster. Aber sei ehrlich. Wie oft hast du in deinem Leben alles haarklein durchgeplant und es kam trotzdem anders? Wie oft sind deine Pläne genauso aufgegangen, wie du sie erstellt und konzipiert hast? Ist es nicht so, dass das Leben dir ziemlich oft einen Strich durch die Rechnung gemacht hat? Bei mir jedenfalls war es so. Ich hatte Vorstellungen und Pläne, wie alles zu laufen hat. Meine berufliche Laufbahn, meine Partnerschaften, meine Kinder, mein Bankkonto. Nichts davon ist letztendlich so passiert, wie ich es wollte, schon gar nicht in dem geplanten Zeitraum. Pläne aufzusetzen schenkt uns die Illusion, wir könnten alles kontrollieren. Aber das können wir nicht. Das merken wir dann, wenn unsere Pläne von Ereignissen, Situationen, Begegnungen oder auch von Krankheit und Verlust durchkreuzt werden, wenn wir trotz unseres Konzepts nicht in einem vorgegebenen Zeitrahmen ein bestimmtes Ziel erreichen. Und dann werden wir meist zu verbitterten Kämpfern. Wir wollen es allen zeigen und erstellen eben neue Pläne. Das Spiel beginnt dann von vorne, immer und immer wieder. Und bei all dem Kampf um das Erreichen dieses Ziels vergessen wir das wahre Leben, die Freude, den Spaß, vielleicht sogar die Menschen und die Liebe. Wir verlernen die Neugier, die Spontanität und die Freude sowie das Sehen von Überraschungen und Geschenken, die das Leben uns auf unseren Weg legt.

Wir starren geradeaus und weichen nicht mehr vom Plan ab. Wir leben für Termine und die selbstgesetzten Ziele.

Träume dagegen sind zeitlos. Wir wissen nicht, wann und ob sie sich jemals erfüllen werden. Es gibt keinen genauen Plan von dem Weg dorthin. Träume werden einfach geträumt und sie sind wunderschön und groß. Lebe deinen Traum? Nein, der Traum lebt dich. Träume zu haben bedeutet, Zufriedenheit mit dem, was da ist, wahnsinnige Neugier auf das, was noch alles kommen mag und offene Augen für alles, was das Leben dir zeigt. Um Träume müssen wir nicht kämpfen. Träume sind nicht an Ereignisse und Gegebenheiten gebunden. Sie sind einfach da, flexibel, unbeschwert und der Weg dorthin ist in alle Richtungen offen. Die Leichtigkeit von Träumen lässt uns durch das Leben tanzen, nicht immer stur nach Plan, sondern kreuz und quer über die gesamte Tanzfläche. Aber dadurch bleiben wir offen und vor allem sehend für die vielen kleinen und großen Chancen, die uns unserem Traum näher bringen können. Manchmal ganz anders als wir es uns zuvor erträumt haben.

Schau jemanden an, dessen Pläne immer wieder scheitern. Dieser Mensch wird verbittert, griesgrämig, permanent unzufrieden und engstirnig sein. Er wird dir keine Freude gönnen, da er selber keine mehr hat. Er wird auch deine Träume kaputt reden, für Unfug erklären, nur weil er seine eigenen verplante.

Aber dann schau jemanden an, der noch träumt. Seine Augen strahlen, wenn er dir von seinem Traum erzählt. Seine Worte darüber werden Bilder in leuchtenden Farben zaubern und sein Lächeln und seine Lebensfreude werden dich begeistern, vielleicht sogar so sehr, dass du ungewollt mitträumst. Und das ist das Wunderbarste, was auch dir selber passieren kann...

... auf einen Menschen zu treffen, der dich sieht und dir genau zuhört, wenn du ihm von deinem Traum erzählst und ihn von da an einfach mit dir plan- und zeitlos zusammen weiterträumt, ganz egal, ob und wann er sich erfüllen wird.

Let's talk about Tod

Es passieren Dinge, die uns vor Augen führen, dass wir dieses Leben weder dirigieren noch kontrollieren können. Es fegt daher und reißt dich mit. Du hast keine Chance dieser Kraft und dieser Wucht zu entkommen. Es nimmt dir den Halt unter den Füßen und wirbelt dich bis zum Schwindel durcheinander bis du dann da liegst, hilflos, erstarrt und unfähig einzugreifen.

So passiert es mir gerade. Da stirbt ein Mensch, der mir viel bedeutet. Er stirbt plötzlich, unerwartet mitten im Alltag, nur kurz, nur ein paar Minuten, denn Ärzte, Medizin und Technik schaffen es, ihn sofort wieder zurück in dieses Leben zu holen. Aber er stirbt diesen Tod zweimal innerhalb weniger Wochen. Das ist so krass und so unbegreiflich, dass es mir den Boden wegreißt. Es gibt keine Worte für diese Ohnmacht und das Gefühl, wenn einem der Bauch und das Herz zugeschnürt werden. Alles steht still, so als ob die Welt aufgehört hat, sich zu drehen. Ringsherum funktioniert alles und alle, man selber aber sitzt wie hinter Glas und ist nur noch Beobachter.

Was tut man in so einem Moment? Welche Worte sind die richtigen? Kann man Verständnis aufbringen? Verständnis für etwas, was unbegreiflich und doch gar nicht zu verstehen ist? Vielleicht Mitleid? Aber wem nützt es denn schon, wenn man mitleidet? Mitgefühl?

Wie kann ich das mitfühlen, wenn ich so etwas noch nicht selber erlebt habe? Es ist komisch, aber vielleicht ist einfach nur Stillsein erst einmal der richtige Weg. Ich denke, Menschen, denen so etwas geschieht, brauchen keine verzweifelt gesuchten Worte. Selbst, wenn wir ihnen so viele zu sagen hätten, werden wir nicht die richtigen finden. Eventuell ist Fürsorge noch möglich. Dem Anderen die Hand reichen, um ihn zu halten, falls er Halt braucht. DaFÜR SORGEn, dass er gehört wird, wenn er reden will, still zu sein, wenn er schweigen will oder helfen, wenn er Hilfe will. Mehr können und brauchen wir nicht tun.

Ich selber habe so wahnsinnig geweint, geflucht, war so erschrocken, wütend und traurig. Allerdings musste ich feststellen, dass all diese Emotionen und Gefühle doch nur meins waren. Es waren meine eigene Angst, meine Sorgen, meine Traurigkeit und auch mein Gedankenkarussell, nicht die des Anderen. Ich wollte das Thema Tod verdrängen und fürchtete mich davor. Wie verrrückt, nicht wahrhaben zu wollen, dass mit großer Wahrscheinlichkeit auch ich früher oder später auf ihn treffen werde.

In der Klinik besuchte ich diesen Menschen und traf dabei auf jemanden, der weder mein Mitleid, mein Mitgefühl oder meine Traurigkeit und Hilflosigkeit brauchte. Da tummelten sich im Krankenbett dicht beieinander so viel Stärke, innere Ruhe und so viel Leben, immer noch Humor und verrückte Ideen, trotz des erfahrenen Todes und dessen, was sich nun davon erholen musste.

Ich konnte nicht anders, als endlich zu erkennen, dass der Tod nur für jene unfassbar ist, die noch nicht wahrhaben wollen, dass er zu uns gehört. Er wird zum Tabu-Thema, weil er uns traurig macht. Allerdings nur uns, nicht den, der vom Leben an den Tod übergeben wird. Aber warum darüber schweigen? Denn dieser Gevatter wird uns niemanden nehmen können, der sich in unserem Herzen einen Platz geschaffen hat. Ja, er schnappt sich dessen Körper, den wir einst umarmen konnten, die Stimme, die mit uns lachte, die Augen, die uns ansahen, aber niemals das, was uns wirklich an diesem Menschen begeistert hat. Sein Herz, seine Seele, sein Bewusstsein. Egal, wie wir es nennen, genau das wird hier bei uns bleiben.

Leben und Tod gehen immer nebeneinander und manchmal sind sie sich scheinbar noch nicht ganz einig, wer von ihnen an der Reihe ist, uns mitzunehmen. Aber dass jeder von ihnen unerwartet und erbarmungslos zupacken kann, habe ich verstanden. Auch, dass wir nichts dagegen tun können, gar nichts, außer zu akzeptieren...

... furchtlos, ohne Angst und mit einem leichten Lächeln.

∞

Reset – Einmal zurücksetzen bitte!

Nun ist er da, dieser Moment, von dem ich nie dachte, dass er mir passiert. Der Moment, in dem alles anders ist, als es davor noch war. Ein kurzer Augenblick, eine unspektakuläre Szene an einem ganz gewöhnlichen Tag, ließ etwas mit mir geschehen.

Plötzlich laufen die Gedanken Amok und bauen verrückte Konstrukte auf. Emotionen und Gefühle schwirren durcheinander wie ein Schwarm Mücken. Da sind jene, die sich gut anfühlen, aber auch die, welche auf keinen Fall da sein dürften. Was ich gestern noch dachte und tat, scheint heute komplett irre. Und was ich gestern noch fühlte, ist heute so anders.

Als ob das nicht schon verwirrend genug wäre, ist es auch noch der Moment, in dem mir dort draußen alles zu laut wird. Ich scheine erschlagen zu werden von den vielen Wahrheiten und selbstgefälligen Belehrungen über das Leben. Von allen Seiten wird lauthals in Frage gestellt, was ich sehe, wahrnehme, fühle und denke. Solange, bis ich mich selber in Frage stelle. Die Welt dreht sich zu schnell und verursacht Schwindel und Übelkeit in mir. Ist das, wie ich bisher war, nicht mehr richtig, sondern falsch? Gibt es überhaupt ein Richtig und Falsch? Aus welchem Brunnen holen andere die Weisheit, besser zu wissen, was für mich gut ist?

Abends erwische ich mich dabei, wie ich ewig unter der Dusche stehe, regungslos das Wasser über meinen Kopf, Gesicht und Rücken bis zu den Füßen laufen lasse. Ich beobachte die kleinen Bäche, die an mir herunterfließen, so als würde ich warten, bis der gesamte Dreck, der innen und außen an mir klebt, gründlich weggespült wird. Dabei drehe ich das Wasser langsam heißer, so heiß, bis die Haut rot wird, bis es weh tut, damit ich mich selber wieder spüre.

Morgens liege ich nach dem Weckerklingeln viel zu lange mit offenen Augen im Bett, schaue von dort in die Morgendämmerung am Himmel und lausche durch das offene Fenster den gerade erst aufgewachten Vögeln, bis ich dann in Zeitnot gerate, um noch rechtzeitig ins Büro zu kommen.

Ich mag nicht mehr reden. Gestern sagte jemand etwas beleidigt zu mir: „Egal, was ich sage oder dich frage, ich bekomme keine Antworten mehr von dir." Genau! Denn ich habe keine Lust mehr auf deine täglichen, unwichtigen Dramen, die selbstkreiert und hochgepuscht sind, die sich ständig wiederholen, weil du nichts von dem verstanden hast, worüber wir oft genug sprachen. Auch habe ich keine Lust mehr, mein Leben und mich dir zu erklären.

Ich habe fast ständig Kopfhörer in den Ohren und höre Musik, viel zu laut. Diese lässt mich nämlich dort sein, wo ich sein möchte. Musik erinnert mich wieder an mich selbst.

Es ist ein Rückzug, den ich nicht absichtlich beschlossen habe. Er ist einfach passiert. Ein Rückzug dorthin, wo ich selber wieder spüren, fühlen und ich sein kann. Ein Rückzug, bei dem das Leben scheinbar die Jalousien für mich öffnet, damit ich wieder klar sehe, was ich eine Zeit lang großzügig – auch an mir selber – übersehen habe. Vielleicht darf ich ganz neu entdecken, was und wer mir wirklich wichtig ist. Aber vielleicht bleibt auch alles beim Alten. Ich weiß es nicht.

Verwechsel meinen Rückzug nicht mit Resignation, Aufgabe oder sogar depressiver Verstimmung. Es ist nur, was es ist, ein kurzer Rückzug, damit das Leben eine Chance bekommt, mich neu zu sortieren und zu orientieren. Ich brauche diesen Moment zum Stillsein...

... ganz still, um meine eigene Wahrheit, meine eigenen Gefühle und mein eigenes Herz wieder deutlich hören zu können, auch wenn die Töne eventuell total anders klingen als gestern.

Geteilte Angst

Aha, du willst also aufklären und etwas für den Welt-
frieden tun, erzählst du mir. Dazu sitzt du abends auf
dem Sofa und teilst mit deinem Smartphone Meldun-
gen über die weltpolitische Lage. Meldungen, die du
im Internet siehst und deren Quellen du nicht wirklich
kennst. Ich muss schon sagen, sehr gelungen deine
Aktivitäten und so ergebnisorientiert. Doch das einzi-
ge Ergebnis, welches du damit erzielst ist letztendlich
Angst. Bist du dir dessen eigentlich bewusst?

Mich kannst du damit, mit deinen geteilten Ängsten,
nicht mehr erreichen. Weißt du auch warum? Weil
man mein ganzes bisheriges Leben versucht hat, mich
in Angst zu halten. Und es hat tatsächlich auch ziem-
lich lange gut funktioniert.

Da war die Angst vor den Eltern, die mit Strafen droh-
ten, wenn ich nicht gehorchen wollte. Als Kind machte
die Schule mir Angst vor einem gesellschaftlichen Ab-
sturz, wenn ich nicht auf allen Gebieten ausreichend
Interesse zeigte. Man schürte in mir als junges Mäd-
chen Ängste vor der Stasi, den Folgen des kalten Krie-
ges und vor dem Kapitalismus. Man machte mir Angst
vor der Geburt eines Kindes, Angst vor der Ehe, auch
Angst vor einer Scheidung und Ämter machten mir
Angst mit ihrer Fremdbestimmung. Da waren Jene,
die mir Angst vor einem neuen Job einflößten, Angst
vor Weltuntergängen zu bestimmten Daten, Angst vor

finanziellen Desastern, Angst vor Krankheiten und sogar Angst vor der Liebe.

Aber irgendwann musste ich feststellen, dass all diese Ängste unnütz waren. Ihre einzige Aufgabe war es, mich klein zu halten, mich zu konditionieren und anzupassen. Angst macht still und versklavt. Denn keine dieser Ängste wurde zur wirklich lebensgefährlichen Bedrohung für mich. Der verordnete Hausarrest der Eltern war irgendwann wieder aufgehoben. Mein Schulabschluss war doch ziemlich gut, obwohl Sport und Chemie mich überhaupt nicht interessierten. Mein Kontakt mit der Stasi beschränkte sich zum Glück auf eine einzige Vernehmung und mit dem Kapitalismus lebe ich nun mittlerweile auch schon Jahrzehnte. Die Geburt meines ersten Kindes war so prägend für mich, dass ich sogar noch ein zweites bekam. Meine Ehe zeigte mir, was doch nicht zu mir passt und die Scheidung, dass ich als Frau tatsächlich gut allein das Leben gelebt bekomme. Ich arbeite heute in meinem Traumjob, die Welt ist immer noch nicht untergegangen, Krankheiten kommen und gehen, mal pleite sein, bedeutet nicht, nicht mehr überleben zu können und Liebe... ja, vor Liebe fürchte ich mich auch nicht mehr. Warum also sollten mir nun Halbwahrheiten der Medien Angst machen? Das können sie nicht mehr, erst recht nicht mit ihren Meldungen über das Krieg-und-Frieden-Spiel dort draußen.

Immer wieder werden gezielt Ängste geschürt und

Menschen von sich selber abgelenkt. Das geschieht ganz einfach durch Nachrichten, die niemand mehr in Wahrheit, Fake-News, Propaganda oder was auch immer unterscheiden kann. Nur du, du behauptest, die Wahrheit in dieser Welt zu kennen. Vom Sofa aus, in Jogginghose, mit dem Daumen auf dem Touchdisplay deines Handys willst du diese Welt retten und die Menschen aufklären und verbreitest damit doch nur Angst.

Ich weiß aber mittlerweile, dass ich mit dieser Angst wieder so wahnsinnig viel Zeit vergeuden würde. Zeit zum Lachen, zum Weinen, zum Fühlen, zum Staunen, zum Lieben, zum Genießen, zum Erfahren. Zeit zum Leben.

Resistent gegen den Medienwahn sein, bedeutet nicht Gleichgültigkeit. Ich verabscheue und verurteile Gewalt, Krieg und Töten genauso wie du. Aber mir ist bewusst, dass ich selber nichts daran ändern kann. Alles dort draußen passiert ohne mein Wollen oder Nichtwollen und immer wiederkehrend seit Jahrtausenden. Deshalb muss ich auch nicht herausfinden, was an den Geschichten wahr ist und was nicht. Und ich hoffe, dass auch viele andere sich durch solche Beiträge wie deine, nicht in Angst und Schrecken versetzen lassen.

Und weißt du, was ich stattdessen, trotz dieser sich zuspitzenden innen- und weltpolitischen Lage, in der vergangenen Woche getan habe? Ich bin barfuß über

Gras gelaufen, habe abends den schönsten Sternenhimmel bestaunt, mir pinkfarbene Blumen auf den Balkon gepflanzt und mit traumhafter Musik auf den Ohren ganz allein in meiner Wohnung getanzt.

Denn bis zu einer von mir nicht zu beeinflussenden Katastrophe auf diesem verrückten Planeten, kann ich entweder aus Angst erstarren oder aber dieses wunderbare Leben zulassen und einfach leben und lieben, solange es möglich ist.

Wenn Nähe noch besetzt ist

Du stelltest mir die Frage, ob ich auf der letzten Party gelacht, getanzt und ob ich jemand anderen kennengelernt hätte. Ja, vielleicht habe ich oder nein, vielleicht habe ich nicht. Aber, dass ausgerechnet du mir diese Frage stelltest, machte mich einen Moment traurig und ich brauchte etwas Zeit für eine ehrliche Antwort.

Du hast mich noch immer nicht verstanden, nicht wahr? Vielleicht kannst du es auch nicht verstehen. Es ist total verrückt und trotzdem will ich versuchen, es dir noch einmal zu erklären.

Da war dieser verdammte Sturm, der uns beide von einem Moment auf den anderen vom gemeinsamen Spielfeld fegte. Wir hatten uns so fest vorgenommen, es niemals zuzulassen, dass so ein Orkan, aus welcher Richtung auch immer, uns das kaputt machen kann, was wir erleben durften. Da war so viel Spaß, so viel Feuer, Leichtigkeit, Unbeschwertheit, strahlende Augen, unser Leuchten und Liebe. Ja, wir waren einfach diese Liebe. Doch der Sturm war wohl zu stark. Vielleicht haben wir uns nicht fest genug gehalten. Vielleicht hatten wir aber auch auf unserem Spielfeld von Anfang an gar keine Chance. Was nützt es jetzt noch, nach einem Grund zu suchen?

Als der Orkan vorüber war und ich noch meine Wunden vom Fallen leckte, sagten sie, ich müsse diese – unsere - Geschichte, loslassen. Sie sagten auch, dass die Zeit dafür sorgen wird, dass ich dich vergessen kann und sie sagten, ich solle raus gehen, um jemand anderen zu finden. Und du? Denkst du wirklich das Selbe? Obwohl du sehr wohl weißt, dass man Leben nicht loslassen kann. Und wir beide sind das pure Leben.

Hast du eigentlich gewusst, dass ich dich in dieser Zeit vor dem Sturm geatmet habe? Ich habe jeden Moment deiner Nähe – ich habe dich – so wahnsinnig inhaliert, so tief eingeatmet und scheinbar vergessen, wieder auszuatmen. Wenn du wortlos meine Hand genommen und festgehalten hast, waren es tausende Blitze zwischen unseren Händen, die mich aufgeladen, mich elektrisiert und komplett unter Strom gesetzt haben. Deine Stimme ließ das Feuer in mir so lichterloh brennen, dass mein Verstand verglühte und mein Herz keine Antworten mehr brauchte. Ich fing das Leuchten deiner Augen ein, wenn du mich angeschaut und das gesehen hast, was sonst niemand sah.

Und nun? Ja, trotz der langen vergangenen Zeit ist alles noch da. Ich atme immer noch von dir, wenn ich in dieser Welt scheinbar keine Luft mehr bekomme. Ich schöpfe Kraft aus dem Akku, das du nur durch deine Hand damals aufgeladen hast. Wenn alles um mich herum kalt ist, höre ich deine Stimme und dann wärmt mich das Feuer, welches sofort wieder auflodert. Und in der Dunkelheit, wenn nur noch alles schwarz ist, erinnere ich mich an das Leuchten deiner Augen, damit auch ich wieder sehen kann.

Kannst du die Antwort auf deine Frage nun in diesen Worten finden? Verstehst du, warum es für mich unmöglich ist, jemand anderem nah zu sein? Glaube mir, ich will es so nicht. Aber das Leben fragt nicht danach, was ich will. Es macht eben manchmal solche Dinge mit einem.

Doch wer weiß... Wenn ich irgendwann eines Tages endlich aufhören kann, in jedem anderen Mann dich zu suchen, dann traut sich vielleicht auch jemand, mich so zu begeistern wie du, mich zum Lachen zu bringen wie du, mit mir so leicht und verrückt zu träumen wie du, mich zu elektrisieren und brennen zu lassen wie du...

... und vielleicht meine Hand in einem aufkommenden Sturm einfach nur einen Moment länger festzuhalten, als du es konntest.

Nur ein Ausflug in eine erwachte Beziehung?

Vor kurzem bekam ich eine PDF geschickt. 37 Seiten lang und mit dem Titel „Die erwachte Beziehung". Obwohl ich mir sicher war, zu wissen, was darin steht, habe ich sie gelesen, zweimal habe ich sie sogar gelesen. Dieses kleine Werk ist wunderschön geschrieben und ja, ich kannte das, was ich las. Allerdings nenne ich es nicht erwachte Beziehung. Für mich ist es eine natürliche Beziehung. Nein, das Wort BEZIEHUNG gefällt mir auch nicht, denn da steckt das Wort ZIEHEN drin. Ich benenne das, was ich eine kurze Zeit erleben durfte, einfach nur NATÜRLICHE BEGEGNUNG.

So eine Begegnung passiert plötzlich, ungeplant und ungesucht. Peng! Unaufgefordert platzt jemand in dein Leben und verändert alles. Beide fühlen und sehen sich in ihrer Tiefe sofort, ganz gleich, wie sehr man auch versucht, sich selbst zu verstecken. Aus zwei individuellen Gedanken scheint ein gemeinsamer zu werden. Blicke, Seelen und Körper berühren sich augenblicklich ganz sanft und zart. Obwohl viel geredet wird, braucht es eigentlich kaum Worte, um sich zu verstehen. Man schaut nach dort draußen in die selbe Richtung und noch bevor man etwas zeigen oder erklären muss, hat der Andere es schon längst genauso gesehen. Selbst gegenseitig erkennt man sich sehr schnell, auch all das, was das Gegenüber noch nicht zeigen will. Das Leben hat scheinbar zwei Menschen mit einem Zauberstab berührt und nun strahlen sie in grellem Licht zusammen. Auf dieses irre Fühlen, ohne einander zu brauchen, das Leben teilen zu können, selbst auf Entfernung, dieses Vertrauen, ohne viel zu sagen und dieses Liebhaben, ohne festzuhalten, hat einen niemand vorbereitet. Das Feuer, was jede Sekunde des Tages brennt, vernichtet alles vorher Erfahrene und jegliche Konditionierung, wie Liebe oder Partnerschaft zu sein hat. Es setzt sich ganz frech darüber hinweg.

Falscher Stolz wird über Bord geworfen, unnötige Auseinandersetzungen, kleinliche Kritik an dem Anderen und Dramen werden vermieden, weil man die gemeinsame Zeit einfach besser zu nutzen weiß. Kein Verbiegen, kein Ziehen und Verändern, stattdessen begeistert und inspiriert man sich gegenseitig. Man trägt das Geschenk, was das Leben einem gegeben hat, wie kostbares Porzellan, damit es nicht zerbricht. Dieses wahnsinnige Gefühl, was jede Zelle des Körpers zu fluten scheint, lässt einen auch verrückte Dinge tun. Verrückt allerdings nur für die Welt dort draußen, denn für einen selber stellen sie gar nichts Besonderes dar. Es geschieht einfach, weil diese Liebe natürlich ist, weil nichts zurückgehalten oder verdrängt werden muss und weil sie keine Vorschriften oder Regeln befolgt. Sie ist einfach da und fließt.

Für mich war vor allem unfassbar, dass bei keinem Abschied ein neues Date vereinbart werden musste.

Es stellte sich nie die Frage: „Wann sehen wir uns wieder?" Es gab keine langfristige Verabredung für ein nächstes Mal. Nie! Nur Blicke und irgendwie ganz tief drin das Wissen, dass das nächste Mal schon bald sein wird. Und man sah und traf sich bald wieder. Spontan, kurzentschlossen und ohne Diskussionen um Termine und Orte. Man flog irgendwie gemeinsam, mit dem Leben als Rückenwind, so verdammt leicht und unkompliziert. Ja, für mich gehört all das zu einer natürlichen Begegnung.

Aber weißt du, so eine ganz andere Liebe macht auch Angst. Ich jedenfalls hatte fürchterliche Angst. Ich kannte so etwas nicht und verlor jede Kontrolle darüber, wo diese Begegnung hinführen könnte. Ich traute dieser Liebe nicht, obwohl sie mich jeden Tag wieder einholte. Aber ich hielt die Angst aus und stellte mich ihr immer wieder in den Weg. Ich wollte schließlich mit diesem Menschen dorthin fliegen, wo mir von dieser Liebe schwindlig werden würde, egal, wo das sein sollte. Da war für Angst kein Platz.

Was aber, wenn der Andere diese Angst nicht aushält? Wenn sie ihn unsicher werden lässt, ob all das richtig ist? Wenn er plötzlich im gemeinsamen Flug langsamer wird und zurückbleibt? Was, wenn die zusammen gelebte Zeit für ihn nur zu einem kurzen Ausflug, einem Trip, in diesen Zauber geworden ist, aus dem die Welt dort draußen ihn wieder an sich reißt? Vielleicht ziehen ihn Sicherheit, Überschaubarkeit und auch das

Brauchen und Gebrauchtwerden wieder zurück. Zurück in eine Welt, die er zwar mit dir verlassen wollte, die er aber bereits kennt und wo er sich besser zurechtfindet, als auf einem ungeplanten und nicht vorhersehbaren Weg mit dir.

Ja, dann wird er wenden und dich allein zurücklassen. Er wird dorthin zurückkehren, wo du ihn einst abgeholt hast. Du brauchst ihm keine Fragen stellen, deren Antworten du selber weißt. Dir bleibt nichts anderes übrig, als ihm hinterherzusehen, wenn er wieder dort landet, wo er damals seine Flügel ausbreitete, um deine Liebe anzunehmen und mit dir zu fliegen. Aus der Ferne wirst du sein Leuchten suchen, welches euch mit deinem zusammen doch so wunderbar den Weg erhellt hatte. Furchtbar viele Tränen wirst du lange und ganz leise weinen. Dir bleibt nur, zu akzeptieren, auch wenn es verdammt weh tut.
Vielleicht dreht er sich noch einmal zu dir um. Dann wird er sicherlich deine stummen Schreie in deinen Augen lesen können, die ihm sagen: „Hey, komm! Lass uns weiter fliegen. Vergiss nicht unsere verrückte Zeit, unser Fühlen, unsere Träume, Wünsche und Ideen!" Aber er wird es vergessen. Vielleicht will er sogar dich irgendwann vergessen, weil nun alles wieder ruhiger und beständiger in seinem Leben ist, als deine Neugier und dein unsagbarer Lebenshunger.

Ich werde meine Flügel von einigen unserer Träume und Ideen befreien müssen, weil sie für mich allein zu schwer zu tragen sind. Dann kann ich auch endlich allein weiter fliegen. Aber wer weiß, vielleicht spreizt auch er irgendwann erneut seine Flügel und lässt sich wieder vom Wind des Lebens treiben. Dann wäre es möglich, dass wir uns noch einmal begegnen. Verabredet sind wir zwar nicht...

... aber das waren wir ja noch nie.

Die Pflicht, pflichtbewusst zu sein

Seit einiger Zeit stolpere ich immer wieder über das Wort „Pflicht". Da ist die Rede von Pflichtbewusstsein, Verpflichtungen oder, seiner Pflicht nachkommen zu müssen. Da sind Menschen, die mir von ihren Verpflichtungen erzählen und auch jene, die mir einreden wollen, was meine Pflicht ist.

Etwas in mir sträubt sich mächtig gegen dieses Wort. Wieder einmal habe ich Google nach einer Definition befragt. Die Antwort: „Pflicht... das Handeln, dem man sich auf Grund bestimmter Normen / Vorschriften nicht entziehen kann." Ah ja, aber wer hat diese Normen und Vorschriften festgelegt? Meine Eltern, die Gesellschaft, die Moral, das Gewissen oder womöglich die Menschen in meinem Umfeld? Was ist, wenn ich mich solchen Normen / Vorschriften doch entziehe, wenn sie mir nicht gefallen und sie sich für mich nicht gut anfühlen? Bin ich dann nicht mehr gut?

Pflicht bedeutet für mich, etwas zu tun, was für mich nicht stimmig ist. Es soll lediglich den Vorstellungen anderer entsprechen, die vielleicht gar nicht meine sind. Es bedeutet, ich MUSS bestimmte Dinge tun, so wie man es von mir als guten Menschen eben erwartet. Dabei MUSS ich eigentlich gar nichts, auch nicht immer für alle und jeden gut sein. Ich habe keine Verpflichtungen anderen gegenüber. Vielleicht habe ich

Verantwortung, das mag sein. Dann aber handle ich aus Liebe, aus Verständnis und Empathie, vielleicht auch aus Freude, aber meine Pflicht ist es nicht. Denn diese Verantwortung kann ich mir selber aussuchen, die lass ich mir von niemandem aufdrängen.

Ich habe meine Kinder nach bestem Wissen und Gewissen groß gezogen, nicht weil es meine Pflicht war, sondern aus und mit Liebe. Von Montag bis Freitag gehe ich ins Büro und empfinde es nicht als Pflicht, sondern als Freude, weil ich Spaß an diesem Job habe. Wenn ich einem Freund zuhöre, dann nicht, weil es meine Pflicht als Freundin ist, sondern weil ich interessiert an diesem Menschen bin. Auch, einem alten Menschen im Bus meinen Platz anzubieten, ist nicht meine Pflicht. Ich tue es aus Verständnis und Mitgefühl. Genauso wenig ist es meine Pflicht, meinen Partner stets und ständig glücklich zu machen. Wenn er sich mit mir, so wie ich bin, einfach nur gut fühlt, dann ist es das Wunderbarste, was passieren kann, aus dem Gefühl heraus und nicht, weil ich die Pflicht habe, etwas dafür zu tun.

Ständig aus auferlegten Pflichten zu handeln, entspricht nicht dem, was ich empfinde und was ganz tief aus mir heraus gelebt werden will. Es geschieht nicht freiwillig oder ehrlich und ist meistens nicht mit meinem Gefühl und meiner Wahrnehmung konform. Normen, Vorschriften, eben diese Pflichten, werden vielleicht von jenen gebraucht, die verlernt haben, auf ihre eigene Intuition zu achten. Die gegen ihr eigenes Sein ankämpfen, um zu gefallen, um Moralvorstellungen zu entsprechen und um nicht in der grauen, pflichtbewussten Masse aufzufallen. Für sie ist es dann das Größte, für ihr Pflichtgefühl und ihr hervorragendes, geradliniges Funktionieren bestaunt und geliebt zu werden.

Okay, ich gebe ja zu, auch ich muss einigen Pflichten in dieser Gesellschaft nachkommen. Die grausigste davon ist für mich übrigens immer noch das Bezahlen der GEZ-Gebühren, obwohl ich keinen Fernseher nutze, sowie allgemein die Willkür von Behörden und Ämtern, der auch ich mich widerwillig beugen muss.

Genaugenommen habe ich allerdings nur eine einzige Pflicht. Ich muss dieses Leben leben. Denn das wurde mir auferlegt, dem kann ich mich nun wirklich nicht entziehen. Aber wenn ich genau das tue, nämlich anzunehmen und zu leben, was jeden Tag gelebt werden will, zu geben, was ich zu geben habe, zu sehen, was gesehen werden will und zu fühlen, was an Gefühl da ist, dann ist auch dieses Leben keine Pflicht mehr, sondern passiert ausschließlich aus Liebe...

... aus einer Liebe, der jede Pflicht egal ist, weil Leben jeden Moment einfach so geschieht und sich dabei einen Dreck um Normen oder Vorschriften schert.

∞

Das will ich aber anders

Um über Menschen schmunzeln zu können, brauch ich eigentlich nur jeden Tag ins Büro zu gehen. Denn dort spielen sich tatsächlich hautnah die oskarreifen Komödien ab.

Heute zum Beispiel. Das Außenthermometer hat die 30°-Marke überschritten. Die Kollegin im Büro stöhnt: „Viel zu heiß! Hoffentlich wird es bald kühler." Ich spule vier Wochen zurück. Anfang des Monats sprach die gleiche Kollegin: „Viel zu kalt für Mai! Wann wird es endlich wärmer?"

Der Blick auf den Kontostand heute verriet, dass das Gehalt nicht, wie gewohnt, drei Tage vor Monatsende auf dem Konto ist und die Lohnbuchhaltung gab auf Nachfrage bekannt, dass es diesen Monat ein bis zwei Tage später verfügbar sein wird. Eine Kollegin echauffiert sich fürchterlich: „Das ist eine Frechheit. Ich habe Daueraufträge und Abbuchungen auf meinem Konto." Wieder spule ich den Film zurück. Selbe Kollegin vor einigen Monaten: „Ich finde es nicht gut, wenn das Gehalt immer zu früh auf dem Konto liegt, denn dann gebe ich es auch viel zu früh wieder aus."

Nächste Szene aus dem Büro. Eine Kollegin erzählt, was es gestern zum Abendessen gab, was sie gekocht hat und wie ärgerlich es war, danach die Töpfe abzuwaschen. Rückschau: Vor einigen Monaten brauchte

120

diese Kollegin unbedingt und um jeden Preis einen Thermomix. Anfangs bekam ich täglich Sachstandsberichte über die damit gezauberten Mahlzeiten. Heute wird scheinbar doch wieder in den ganz simplen, altmodischen Töpfen gekocht.

Dieses sind lediglich drei Beobachtungen von vielen an nur einem Tag am Arbeitsplatz. Ständig ist jemand unzufrieden mit dem was ist, will haben, was er gar nicht braucht oder muss unbedingt Pläne machen, die dann doch nicht aufgehen.

Noch verrückter geht es zwischenmenschlich. Da kenne ich Frauen, die sich einen Mann schnappen, weil er männlich, cool, charmant, voller Humor und eben ein toller Kerl ist. Nach anfänglicher Schwärmerei wird der Mann dann diszipliniert. Es wird an ihm herumgebastelt und ebenso genörgelt. Wenn dieser sich nach jahrelangen Umbauarbeiten resigniert mit seinem Bier aufs Sofa zurückzieht, bejammert und verpönt Frau dann diesen unselbstständigen, nichtsnutzigen Waschlappen. Umgekehrt funktioniert es übrigens auch. Dann, wenn Männer ihre Frauen plötzlich doch in einer anderen Kleidergröße neben sich sehen wollen, wenn ihre Kochkünste nicht denen von Mutti entsprechen oder wenn das einst geliebte laute Lachen nun peinlich wird.

Hunderte Beispiele gibt es für dieses nie endende Anders-Haben-Wollen, für die stetige Flucht aus dem, was ist und dem nie endenden Run auf das, was man gerade nicht hat, aber scheinbar zum Glücklichsein braucht. Das einzige Resultat dieses abnormen Verhaltens werden allerdings ständige Dramen, Jammern, Unglücklichsein und Unzufriedenheit sein. Und genau das ist der Mensch scheinbar... chronisch unzufrieden. Selbstgewähltes Leid?

Wenn du dich darin wiedererkennst, frag dich einfach mal, woher deine Unruhe und deine Unzufriedenheit kommen. Das habe ich auch getan. Und ich habe nur einen gefunden, der dieses ganze Theater veranstaltet. Mein Kopf, mein Verstand, eben meine absurden Gedanken. Aber das Leben passiert einfach so, ohne uns zu fragen, wie wir es heute gerade gerne hätten und womöglich morgen dann schon wieder total anders. Wenn das klar geworden ist und wir sehen, dass alles ohne unser Zutun geschieht und wir gerade in diesem Moment alles haben, was wir brauchen, stellt sich innerlich so viel Gelassenheit, Ruhe, Hingabe, Leichtigkeit und vor allem Akzeptanz und unglaubliche Liebe zu diesem spannenden Leben ein.

Na klar erwische auch ich mich noch manchmal beim verbissenen Anders-Haben-Wollen. Aber letztendlich erkenne ich immer wieder, dass Wetter einfach nur Wetter bleibt, dass der Braten in Omas geerbten Töpfen am knusprigsten wird und auch, dass Männer die phantastischste Spezies zum Beschmunzeln sind, wenn wir nicht an ihnen zerren. Und all das darf auch bitte so bleiben, denn es muss und kann letztendlich sowieso nicht geändert werden.

Leben geschieht einfach ohne uns.

And the Winner is... Nobody

Ihr streitet und ich beobachte euren Streit. Es ist kein Streit zwischen Fremden, bei dem man sich einfach nur umdrehen und gehen kann. Ihr steht euch nahe, der Andere ist euch wichtig und eigentlich wollt ihr gar nicht streiten. Tja, wer will das schon? Es sind Gefühle im Spiel und wenn diese bei so einem Streit eine Rolle spielen, ist es sehr leicht, mit Worten, ähnlich einem Messer, in offene Wunden zu stechen, die dann vielleicht sehr lange Zeit nicht heilen können. Dabei ist jeder Streit nur eine Momentaufnahme. Eine Darstellung dessen, wie es jetzt gerade ist, wie eine Situation von dem Einzelnen in diesem Augenblick wahrgenommen wird.

Zurzeit seht und nutzt ihr sehr großzügig diese Wunden, um euch gegenseitig weh zu tun. Ihr verletzt so tief, ignoriert und versucht, dem Anderen die Schuld zu geben, ihn für eure eigenen Gedanken und euer Empfinden verantwortlich zu machen. Ihr hört euch nicht wirklich zu, jeder schreit taub seinen eigenen Frust hinaus. Und am Ende geht einer. Vielleicht nur für ein paar Stunden, vielleicht auch für länger. Ihr verlasst die Situation und euch, obwohl ihr doch zusammen sein wollt. Ziemlich dumm, oder? Nein, ihr streitet nicht miteinander, sondern gegeneinander. Weil jeder verbissen versucht, als Sieger aus diesem Wortgefecht hervorzugehen. Aber wisst ihr was? Es gibt bei eurem Streit keinen Gewinner. So, wie ihr es anstellt, gibt es nur zwei Verlierer. Es führt dazu, dass ihr euch am Ende beide schlecht fühlt.

Ich hatte das Glück, solch einen Streit einmal anders zu erleben. Es ging auch um Gefühle. Ob um meine, seine oder um unsere, spielt keine Rolle mehr. Das Gespräch begann ebenso mit „Du hast gesagt..." und „Du hast gemacht...". Aber dieses gegenseitige Schuldgeben hielt sich nur ganz kurz und dann wurde es richtig laut. Einen Moment machte mir die Lautstärke meines Gegenüber Angst. Als ich allerdings bemerkte, dass er endlich vieles von dem raus ließ, was ich erfahren wollte, feuerte ich ihn genauso lautstark sogar ein wenig an. Ungefähr: „Ja, komm! Schrei ruhig! Schrei! Lass es raus!" Jeder blies dem Anderen ordentlich Wind ins Gesicht und ließ seine eigenen Gedanken und Emotionen regelrecht explodieren. Es ging nicht mehr darum, was der Andere irgendwann mal gesagt oder getan hatte, sondern wirklich nur noch um das, was jeder für sich selber empfand und mitzuteilen hatte. Je mehr der Eine allerdings seiner Stimme kräftigen Schub verlieh, desto stimmgewaltiger wurde auch der Andere.

Ich war außer mir und erwischte mich sogar beim wilden hilflosen Aufstampfen mit den Füßen. Aber ich konnte nicht einfach davon laufen. Denn ich saß mitten in der Nacht, weit weg von zuhause in einem Lkw. Aussteigen bei voller Fahrt irgendwo auf der Autobahn wäre ziemlich unklug gewesen. Ich hatte keine

Chance, theatralisch aufzustehen und die Tür mit atemberaubender Dramatik hinter mir zuzuwerfen. Ich musste diesen Streit aushalten. Dadurch, dass ich der Situation nicht entkommen konnte, war ich auch gezwungen, hinzuhören. Und genau das tat ich.

Irgendwann wurde es plötzlich still, so als hätte ein Regisseur diese Szene für fertig abgedreht erklärt. Klappe! Aus! Es wurde dem Gesagten nichts mehr hinzugefügt und es wurde auch nicht nochmals von vorne begonnen. Die lauten Worte blieben nun unkommentiert, so wie sie gesagt wurden, in diesem engen Raum stehen. Ich begann zu weinen. Ganz fürchterlich hab ich geweint und sehr lange. Eine Stunde? Zwei Stunden? Oder sogar mehr? Ich weinte, weil ich los geworden war, was ich so lange nicht sagen konnte und woran ich fast erstickt wäre. Ja, wahrscheinlich weinte ich vor Erleichterung, vielleicht aber auch, weil ich diesen Streit doch so gar nicht gewollt hatte. Ich weiß es nicht mehr genau. Dabei flog in der plötzlichen, bedrückenden Stille die ganze Welt in der Dunkelheit dieser Nacht am Seitenfenster des LKWs an mir vorbei. Stundenlang. Und währenddessen drang auch das, was der Andere gesagt hatte, mit Verzögerung bis zu mir durch. Ich hatte alles gehört, aber auch so wahnsinnig viel von dem, was er nicht ausgesprochen hatte. Und auch das ließ mich weinen.

Nein, es gab keine tiefen Verletzungen, keine Erniedrigungen, niemand tat dem Anderen absichtlich weh oder bohrte in Wunden, die mit Sicherheit auf beiden Seiten da und für den Anderen erkennbar waren. Dafür aber hatte ich die Chance, zu erfahren und zu hören, was zwischen den zum Teil gebrüllten Worten lag und ich denke, umgekehrt war es genauso. Nicht einen Moment fühlte ich mich schuldig, verantwortlich oder gar als Verlierer. Vielleicht haben wir mit Respekt gestritten, den wir uns trotz der aufbrausenden Stimmung in dieser Nacht bewahren konnten, vielleicht auch mit Achtung vor dem Menschen, der uns doch mal so viel bedeutet hat. Ich fragte mich in diesen Stunden des Nichtredens, ob er mich wohl am nächsten Rasthof rausschmeißen wird. Genauso überlegte ich, bei der nächsten Gelegenheit einfach auszusteigen. Irgendwie würde ich schon wieder nach Hause kommen. Aber weder er noch ich tat etwas von dem Gedachten.

Als die Dunkelheit sich auflöste und der Morgen dort draußen auf der Autobahn wieder begann, wurde das Geschehen der Nacht nicht mehr erwähnt. Es wurde nicht nochmals aufgewärmt und endlos diskutiert, denn es war alles gesagt und wir waren trotzdem in der Lage, uns immer noch anzuschauen, ohne uns für irgendetwas oder für irgendwelche unbedacht gesprochenen Worte entschuldigen zu müssen. Ich bin mir heute sicher, dass wir uns zugehört haben; vielleicht den Anderen nicht unbedingt verstanden, aber immerhin zugehört. Deshalb gab es keinen Verlierer und keinen Gewinner in dieser Auseinandersetzung.

Ich bin heute noch ein wenig stolz auf uns, dass wir in der Lage waren, uns so einander zu stellen, ohne dabei voreinander wegzulaufen. Ich behaupte heute, wir rieben uns auf Augenhöhe mit- und aneinander. Ja, ich nenne das, was damals passiert ist, nicht Streit, sondern Reibungspunkte. Diese sind wertvoll, weil sie uns die Möglichkeit geben, den, den wir doch so verdammt gern haben, zu erkennen und klarer zu sehen. Weil uns eben diese Reibungsmomente in der Beziehung zueinander (egal welcher Art) ein großes Stück näher bringen können.

Wenn ihr streitet, denkt daran, dass ihr nicht streitet, um euch zu verlieren, sondern, um euch für euer Gegenüber verständlich zu machen und das, was euch verbindet, zu bewahren. Wenn ihr endlich aufhört, euch erst dann gut zu fühlen, wenn der Andere sich durch eure Worte so richtig schlecht fühlt, könnt ihr eventuell sogar erkennen, dass es gar kein Problem zwischen euch beiden gibt.

Denn manchmal ist der Eine auch nichts weiter, als ein Kollateralschaden in einem Kampf, den der Andere im Moment mit sich selber führt. Wenn das gesehen und erkannt wird, braucht es keine weiteren unnötigen Worte, die nur noch mehr verletzten...

... dann braucht es keinen Gewinner und keinen Verlierer.

∞

An mein kleines großes Mädchen

Als du vor 30 Jahren geboren wurdest, jubelte die Welt und klatschte Applaus. Nur ich nicht. Jeder redete mir ein, dass ich mich freuen muss und dass so ein Baby mich doch nun so richtig glücklich machen müsste. Es machte mich aber in diesem Moment nicht glücklich.

Ich war so wahnsinnig jung und du so schwer. Deine 48 Zentimeter Körpergröße und deine 2.800 Gramm Körpergewicht konnte ich kaum halten. Mir fehlte die Kraft, diese große Verantwortung, die sie mir in den Arm legten, zu tragen. Ich weinte, wenn ich mit dir allein war, während ich dein winziges Gesichtchen küsste und deine kleinen Fingerchen staunend hielt, sie einfach nur streichelte. Es waren wohl diese Wochenbettdepressionen. Aber davon wusste ich damals nichts und ich fühlte mich schlecht dir gegenüber. Ich wollte doch die perfekteste Mutter der Welt sein und hatte keine Ahnung, wie ich das schaffe. Du solltest die unbeschwerteste Kindheit haben sowie die glücklichste Familie und ich wollte dich bestmöglich auf das Leben, das Leben in dieser Gesellschaft, vorbereiten.

Ich hatte mir zu viel vorgenommen und diese ganzen Pläne und Ziele sorgten dafür, dass ich ständig in Angst und Sorge war, ob ich als Mutter dem entspreche, was man von mir erwartete, was man mir, weil ich selber noch so jung war, einredete. Und genau daran trug ich so schwer. Dabei konnte es gar nicht funktionieren, denn es waren nur die Vorstellungen der anderen Menschen, denen ich versuchte gerecht zu werden und von denen ich glaubte, sie wären richtig.

Ich war niemals die perfekte Mutter und du bist auch nicht die perfekte Tochter geworden. Zum Glück! Als ich erkannte, dass der Weg, auf den man uns geschickt hatte, unmöglich der einzig richtige sein konnte, veränderte sich so viel. Ich mich, du dich und wir uns. Es macht so unheimlich viel Spaß, mit dir so oft wie möglich aus einer Welt voller erhobener Zeigefinger und voller „DAS GEHT DOCH NICHT!" auszubrechen.

Du bist eine erwachsene Frau geworden und dabei so herrlich neugierig, probierst dich aus und verlässt für deine Ideen und Träume ohne Reue jegliche Komfortzone. Du bist offen für alles Neue und hängst nicht an vermeintlicher Sicherheit. Du lebst Spontanität, Freude und Liebe. Das ist so großartig zu beobachten. Dennoch fragst du mich manchmal, ob deine gewählten Wege wohl gut und richtig sind. Aber weißt du, du brauchst mich nicht fragen. Jeder Schritt, der sich für dich gut anfühlt, ist der richtige, egal, was ich darüber denke. Ich bin nicht mehr der Dirigent deines Lebens. Niemand ist das. Du bist ganz allein in der Lage, jede Melodie eigenständig zu spielen, wenn du die Noten lesen kannst. Denn diese Noten schreibt das total verrückte Leben nur für dich. Und glaube mir, wenn du dich diesem Notenblatt hingibst und nicht ständig versuchst, etwas anderes dazwischen zu kritzeln, wird jederzeit die richtige Sinfonie gespielt werden.

Wenn ich dich heute, an deinem 30. Geburtstag, umarme, werde ich nicht nur dich einen Moment an mich drücken, sondern auch dieses kleine Leben, das in dir wächst und das du in einigen Monaten im Arm halten wirst. Vielleicht wird dieses Würmchen auch dir anfangs zu schwer sein, vielleicht wirst du wie ich Momente haben, in denen du an dir zweifelst und nicht weißt, wie du diese große Verantwortung tragen sollst. Dann denk bitte daran...

Du musst niemals perfekt sein, du musst auch zu keinem Zeitpunkt fehlerfrei funktionieren und du darfst dich auch gerne einen Dreck um Meinungen und Vorstellungen anderer scheren, auch um meine, wenn sie sich für dich nicht richtig anfühlen. Lass niemanden dieses schöne Lied von eurem Leben schreiben, außer das Leben selbst. Sing laut zu den Noten, auch, wenn du den Text noch nicht vollständig kennst, und tanze danach, selbst wenn du nicht alle Schritte fehlerfrei beherrscht.

Du brauchst mich dazu zwar nicht mehr, aber ich werde dich immer still beobachten. Und solltest du durch all diesen Irrsinn dort draußen doch aus dem Takt geraten und nicht mehr deine eigene Melodie hören können, werde ich in deiner Nähe sein. Versprochen!

Dann werde ich wieder deine Hände halten, deine kleinen Finger, so wie damals. Ich werde dich an deine eigene kleine Sinfonie erinnern. Denn egal, wie viel Zeit auch vergeht...

... du bleibst, solange das Leben auch noch Noten für mich schreibt, mein kleines großes Mädchen, das mir einst so verdammt schwer schien und in Wirklichkeit doch so leicht zu lieben ist.

Vorsicht, du vereinsamst!

Meine Tochter schrieb diese Woche: „Muddi, wenn du so weiter machst, vereinsamst du." Ich musste ein wenig grinsen, weil dieses Vereinsamen sich von ihr so traurig und unglücklich las. Wie soll ich ihr erklären, dass es das nicht ist?

Ich wurde diese Woche von Ordnungshütern im Schlossgarten unserer Stadt angehalten. Mir wurde befohlen, vom Fahrrad zu steigen, weil das Radfahren auf genau diesem Weg verboten wäre. Ich wohne mein ganzes Leben schon hier und bin immer diese Kieswege an den Kanälen vorbei, unter den wachsamen Augen der Reiher am Ufer, entlang geradelt. An diesem Abend gegen 19.30 Uhr war niemand im Park. Kein Mensch, kein Hund, niemand. Ich kam vom See und genoss diese menschenleere Weite. Aber diese beiden Herrschaften verboten mir das, was mir gerade so viel Freude bereitete. Auf mein Warum war die Antwort, dass diese Regelung eben in der Parkordnung stehe. Ich wollte nicht wissen, wo es steht, sondern wen ich hier wohl ohne Lärm, ohne Abgase, dazu im zweiten Gang meines alten Damenrades und mutterseelenallein stören würde. Die gleiche Antwort: „Es steht eben in der Parkordnung." Ich musste das Rad schieben, bis ich aus dem Schlossgarten heraus war. Die beiden braven, gehorsamen, ihren Dienst tuenden Uniformierten achteten exakt darauf, dass ich nicht wieder aufstieg.

Vor einigen Wochen ging ich mit Begleitung in den Supermarkt. Bei tropischen Temperaturen stand diesem nicht der Sinn nach Schuhen. Sofort echauffierte sich eine Mitarbeiterin mit einer Kundin ganz fürchterlich, dass dieser Mann barfuß einkaufte. Schließlich wäre das verboten. Sorry, ich hatte kein Verbotsschild am Eingang bemerkt. Zudem hatte ich genau gesehen, dass er den Käse mit den Händen aus dem Kühlregal geholt und auch nicht mit den Füßen im Brötchenrondell nach Backwaren geangelt hatte. Wozu also die Aufregung?

Ich liebe die Ostsee. Es gibt für mich nichts Schöneres, als stundenlang nur auf die Wellen und den Horizont zu schauen. Vor kurzem wurde ich spontan mit einem Ausflug dorthin überrascht. Aber vor dem ersten Sandkorn des Strandes rekelte sich schon so ein gieriger Gebührenautomat. Ich sollte Geld bezahlen, um das Meer zu sehen? Kann nicht ernst gemeint sein? Gutmenschen erklären mir natürlich, dass das nötig ist. Von den Geldern wird schließlich der Strand sauber gehalten. So, so, sauber? Ich hinterlasse nichts an so einem Strand, außer eventuell meine Fußspuren. Jeder Papierzipfel und jede geraucht Zigarettenkippe wird von mir wieder mitgenommen. Ich darf also nicht das Wasser an meinen Füßen spüren, nicht das Salz in der Luft schmecken und auch nicht den Duft der See einatmen, wenn ich keinen Euro dabei habe? Ich darf dem Leben dieser Erde also nicht zu nahe kommen, wenn ich nicht bereit bin, dafür zu zahlen!

Nach einer fröhlichen, bis in die frühen Morgenstunden andauernden, Familienfeier im angemieteten Vereinshaus einer Schrebergartenanlage letzte Woche, regten sich die spießigen, ihre Gemüsebeete akurat ausmessenden, jeden wild wachsenden Grashalm sofort entsorgenden Gartenbesitzer unheimlich auf, dass wir zu lange und zu laut ihre Rentneridylle gestört hatten. Hey, wir haben uns nicht geprügelt oder lautstark beschimpft. Wir waren lustig, haben gelacht und Spaß gehabt! Nur weil ihr das nicht mehr so lebt, weil ihr euch ja so vorbildlich an eure Schrebergarten-Verordnung haltet, fühlt ihr euch von unkontrollierter Leichtigkeit und Fröhlichkeit gestört?

Nein, ich verstehe die Welt nicht mehr. Jede Natürlichkeit muss scheinbar immer irgendwie von irgendwem unterbunden werden, jede Freude sofort im Keim erstickt. Die winzigste Freiheit, die man sich noch nehmen kann, wird unverzüglich geahndet. Selbstverständlich ziehe ich mich so oft wie möglich zurück, denn dort wo keine Menschen sind, kann mir auch kein Mensch etwas verbieten oder mich reglementieren. Ich habe diese Borniertheit und diesen gesellschaftskonformen Starrsinn manchmal so satt.

Ja, und dann bin ich oft allein. Aber glaub mir, niemals bin ich dabei einsam. Dort wo ich mich gerne aufhalte, tobt das Leben. Die Vögel kreisen abends über der vom Sonnenuntergang glitzernden Wasseroberfläche, Familie Schwan stellt mir ihren Nachwuchs vor, während sich im Schilf Frau Ente lautstark gerade ihren Mann zur Brust nimmt. Und die Musik in meinen Kopfhörern scheint Miss Libelle auch zu gefallen. Würde sie sich sonst so dicht zu mir ins Gras setzen? Dazu schwingen die Baumkronen im Wind ihre Hüften, wenn mir die Sonne durch die wippenden Blätter zuzwinkert und die Wolken witzige Figuren an den Himmel zaubern.

Vielleicht verstehst du mich jetzt, aber vielleicht auch nicht und du hälst mich für verrückt, gleichgültig oder ignorant dieser Gesellschaft gegenüber. Keine Sorge, ich nehme schon noch dran teil. Allerdings nur noch aus einer mich umgebenden Seifenblase heraus. Ich kann sehen und ich kann hören, aber zu mir dringt all dieser Blödsinn nicht mehr heran. In meiner glasklaren, schillernden Hülle ist es so herrlich ruhig, selbst dann, wenn dort draußen der Sturm des Irrsinns tobt. Denn nicht ich bin gleichgültig, instabil, unzufrieden, verbittert, ignorant oder einsam. Ich bin einfach nur für mich allein...

... mit meiner Musik, die scheinbar auch Miss Libelle still grinsend mit mir versteht.

Sieh mich, hör mich, fühl mich!

Wir Menschen lernen sehr früh das Sprechen, um uns mitzuteilen, zu erklären und auszudrücken. Aber was ist mit der Zeit davor? Obwohl ein Baby nicht sprechen kann, sind wir in der Lage, es zu verstehen. Wir wissen intuitiv, wenn es dem Kind schlecht geht, wenn es kränkelt, müde ist oder Hunger und Durst hat. Kein Wort ist dafür nötig. Wir lesen seine Gestik und Mimik, wir beobachten es und ja, wir fühlen dieses kleine Lebewesen.

Wie ist es jedoch, wenn so ein Menschenkind dann sprechen lernt? Können wir es immer noch fühlen oder ist von dem Moment an nur noch wichtig, was gesagt wird? Ist es dann nicht mehr nötig, sich trotzdem die Zeit zu nehmen, um diesen Menschen zu beobachten, zu sehen und intensiv wahrzunehmen, ganz egal, was er sagt?

Zurzeit beobachte ich, dass die Sprache genutzt wird, um die eigene Wichtigkeit, die eigenen Katastrophen und die ständige Unzufriedenheit zu demonstrieren. Und während ihr unaufhörlich redet, frage ich mich manchmal, wo ich dabei bleibe. Ihr glaubt ihr kennt mich, aber ihr hört mich nicht, ihr seht mich nicht und fühlen könnt ihr mich schon lange nicht mehr. Es ist irgendwie kein Platz für mich in euren Dramen.

Du, zum Beispiel, die mir ständig von ihrem Job erzählt. Ich höre dir immer wieder zu, wenn du beschreibst, wieviel Stress du hast, was dich ärgert und wie erschöpft du abends bist. Jedesmal, wenn wir uns treffen, redest du davon. Allerdings erfahre ich nichts Neues. Es ist immer das selbe Lied. Du weißt, ich habe auch einen 40-Stunden-Job, spreche nur kaum darüber, weil es für mich eben nur ein Job, aber nicht mein Leben, ist. Außerdem fragst du mich nie, wie mein Tag im Büro war und wie ich mich dort fühle. Also reden wir weiterhin nur über dich und deinen Job.

Oder du, die mir erzählt, dass sie seit über zehn Jahren vor ihrem jähzornigen Mann immer wieder davon läuft und auch jeden Abend wieder zu ihm zurückkehrt. Ich frage dich, ob du diese chronische Flucht nicht endlich beenden willst. Du redest von Gewohnheit, Angst und fehlendem Selbstvertrauen. Auch dir höre ich sehr lange zu. Und dann wiederholst du mehrmals, ich hätte unglaubliches Glück, dass ich allein, ohne Mann, lebe. Woher willst du wissen, dass es für mich gut ist? Du fragst nicht und du weißt nicht, wie ich mich fühle, wenn ich in lauen Nächten allein Mond und Sterne bestaune. Du hast keine Ahnung, wie wahnsinnig Vermissen weh tun kann. Du weißt auch nichts von meinem Wunsch, nur diese wunderbare Liebe zum Leben mit jemandem teilen zu können. Du vermutest lediglich, während du ununterbrochen redest.

Dann bist da noch du, der mich ständig fragt, was der Sinn in seinem Leben wäre. Sehr genau und intensiv beobachte ich dich beim Reden und versuche dich zu verstehen. Ich habe dir schon so viele Antworten auf deine Frage gegeben, aber es war keine dabei, die dir gefallen hat. Also stellst du sie mir immer wieder. Weißt du eigentlich, wie traurig es mich macht, dass scheinbar selbst unsere Gespräche und die gemeinsame Zeit deinem Leben keinen Sinn geben? Würdest du mich wahrnehmen und sehen, könntest du meine Enttäuschung bemerken. Denn für mich sind genau diese gemeinsamen Stunden so wert- und sinnvoll. Aber auch du fragst nicht und bemerkst es nicht, während du deine eigene Tragödie vorträgst.

Es gibt auch noch dich, die mir erzählt, dass sie krank ist. Wenn du mir all deine Diagnosen erklärst und deine Schmerzen beschreibst, hast du mein vollstes Mitgefühl. Ich unterbreche dich nicht und nehme dich sehr ernst. Aber fragst du dich manchmal, wie es mir geht? Hast du eine Ahnung davon, dass ich manchmal Angst bekomme, wenn mein Herz schon wieder nicht im Takt schlägt, wenn es rast und stolpert und ich es so innig darum bitte, nicht schon heute, an diesem schönen Tag, sein Schlagen komplett einzustellen? Kannst du dir vorstellen, wie diese kleinen Abschiede verlaufen, wenn man damit allein und hilflos durch seine Wohnung läuft? Nein, ich rede nicht darüber, weil du mich nie danach fragst und weil zwischen deinen Ausführungen kein Raum für meine Probleme und Ängste ist. Deshalb redest du, ohne mich dabei anzusehen, und ich höre zu.

Ja, wir haben die Sprache gelernt, um uns zu verständigen. Aber ist sie wirklich ein Tausch gegen Intuition, Hinsehen, Hinhören und stilles Wahrnehmen? Du und du und auch du... ihr seid euch sicher, alles von mir zu wissen. Nichts wisst ihr, weil ich wenig rede und ihr mein Schweigen weder hören, verstehen noch fühlen könnt. Auf eure Frage, wie es mir geht, reagiere ich schon lange nur noch mit einem „Passt schon". Zu oft wollte ich ehrlich antworten und wurde nach den ersten Worten von euren viel wichtigeren Tragödien unterbrochen. Meine schönen und meine traurigen Geschichten, mein Leben, mein Lieben und meine Gedanken interessieren euch nicht. Vielleicht sind sie nicht spektakulär genug für euch. Ihr wisst nicht, was mir weh tut, was mich berührt oder was mir so richtig Spaß und Freude bereitet. Von meinen Träumen und Wünschen habt ihr genauso wenig Ahnung.

Ihr wundert euch nur, dass ich sehr viel Zeit mit mir alleine verbringe. Aber wisst ihr, es gibt keinen Unterschied zwischen dem Mit-Mir-Allein-Sein und dem Mit-Euch-Allein-Sein. Allein ist eben allein, auch wenn es mich manchmal traurig macht.

Allerdings denke ich mir dann, dass jede Blume doch auch für sich alleine blüht, egal, wie viele andere Pflanzen um sie herum stehen. Sie macht sich keine

Gedanken darüber, ob sie gesehen und verstanden wird oder ob sie gefällt. Sie blüht einfach, so schön, wie es eben nur geht. Am Ende des Sommers wird sie ohnehin allein verwelken. Keine der anderen Blumen, die doch so lange neben ihr blühten, wird aus Freundschaft, Verständnis oder Liebe mit ihr gehen. Sie lebt und sie stirbt auch irgendwann allein.

Nur im tobenden Sturm oder eiskalten Regen wünscht sich so eine Blume manchmal dieses eine große Blatt, das sich schützend ganz nah an sie schmiegt. Nur ein einziges Blatt, das die Schönheit dieser Blume sieht, sie fühlt...

... ohne dass sie jemals ein Wort dafür sprechen musste.

Mein Wille geschehe!

Neulich erzählte ich jemandem von einer ziemlich ver-
zwickten Situation, in der ich mich befinde und wie
sehr mich diese hin und her reißt. Die Antwort darauf
war, ich hätte doch einen freien Willen und könne die-
se Situation jederzeit und aus eigener Kraft ändern
oder beenden. So, so!

Okay, heute ist ein guter Tag, mit diesem Hokuspokus
zu beginnen. Dann WILL ich zuerst einmal, dass die
Wolken heute am Himmel verschwinden. Ich WILL
wieder Sonne. Dann WILL ich auch noch, dass dieser
verdammte eingeklemmte Brustwirbel, der mir seit
Tagen die Luft zum Atmen nimmt, sofort aufhört so
höllisch zu schmerzen. Ich WILL auch, dass diese blö-
de Speicherkarte in meinem Smartphone augenblick-
lich wieder funktioniert, schließlich sind dort meine
schönen Musiktitel und Fotos drauf. Ein bisschen
mehr Geld wäre im Moment auch ganz nett. Ich WILL
endlich eine Gehaltserhöhung. Ach ja, und dann WILL
ich auch noch den Typen, an den ich gerade so groß-
zügig mein Herz verschleudere, jetzt sofort hier ha-
ben.

Gut, ich habe meinen Willen kundgetan. Wie lange
muss ich nun warten? Fünf Minuten? Eine Woche?
Vielleicht sogar Monate? Wenn mein Wille alles ver-
ändern kann, sollte es doch wohl zeitnah möglich sein.
Nun muss ich mir noch überlegen, wie ich diese Zeit-

spanne überbrücke. Ich könnte solange total frustriert sein, verbittert, ständig jammernd, fluchend und unglücklich. Auch kämpfen könnte ich. Eventuell geschieht mein Wille früher, wenn ich mich gegen die momentane Situation so richtig ins Zeug lege und alle Kraftressourcen opfere, um diese mir nicht gefallenden Gegebenheiten zu ändern.

Es ist lächerlich! Letztendlich wird gerade jetzt nichts passieren und ich werde wohl vergebens darauf warten, dass das, was ich WILL, irgendwen oder irgendwas interessiert. Mein Wille wird gar nichts verändern. Eine Möglichkeit habe ich jedoch. Ich kann akzeptieren, was gerade ist und ich kann lediglich auf all das (re)agieren. Wenn die Sonne heute über keine Ambitionen verfügt, sich zu zeigen, zieh ich mir eben eine Jacke über. Wenn der dämliche Brustwirbel meint, er müsse mich noch eine Weile ärgern, muss ich wohl doch mal ein Schmerzmittel nehmen. Die Speicherkarte wird sich nicht mehr von selbst reparieren. Ich werde demnächst eine neue kaufen. Bis mein Chef sich durchringt, mein Gehalt aufzustocken, werde ich auf den ein oder anderen Sinnlos-Einkauf verzichten müssen. Es wird sich auch nicht der Boden auftun und der Typ, den ich WILL – voilà – vor mir stehen. Bleibt zurzeit das Vermissen und die ein oder andere Träne.

Aber, ich werde mich auf keinen Fall wegen meiner unerfüllten Willenserklärungen zurückziehen, das Leben verfluchen und stetig unglücklich sein.

Gestern saß ich mit einem Freund am ziemlich großen See. Ich erzählte ihm, dass ich diese Weite und Unüberschaubarkeit so sehr liebe, da sie mir immer wieder zeigt, wie klein und unwichtig ich und meine Problemchen sind. Er dagegen meinte, ihm gefalle dieser Anblick nicht unbedingt. Es löse in ihm kein gutes Gefühl aus, nicht zu wissen, was dahinter – hinter dem Horizont – sei. Ja, ich verstehe das. Dann fehlt die Kontrolle. Genauso wie im Leben. Kontrollverlust kann Angst machen. Nicht zu wissen, wann eine Situation sich ändert, wie es auf lange Sicht weiter geht und was dahinten noch so alles kommt, vermag zu beunruhigen. Aber es kann auch bewusst machen, dass das Leben sich nicht unserem Willen beugt. Wenn uns das endlich klar wird, bleiben wir von vielen Dramen und unnötigen Aufregungen verschont. Leben wird leichter, entspannter und stabiler. Und mal ganz ehrlich, Kontrollverlust ist doch auch ein bisschen wie Sex. Sich hingeben, fallenlassen, annehmen und genießen, was gerade ist, mit einer Portion knisternder Neugier, wo und wie es wohl enden wird...

... im Idealfall mit total zerzausten Haaren, wie vom Wind am See, den ich auch nicht kontrollieren oder beeinflussen kann.

∞

144

Berühre mich, Leben!

Berührungen sind eine wunderbare Sache, wenn man sie erfährt und wahrnimmt. Es gibt diese äußeren Berührungen. Da ist die Sonne, die mein Gesicht wärmt und streichelt, der Wind, der frech mit meinen Haaren spielt, der Regen, welcher den Staub von meiner Haut spült und dabei tausende Tröpfchen darauf zurücklässt, kühles Gras, das mich verschmitzt an meinen nackten Füßen kitzelt und kraftvolle Wellen, die an meine Waden schlagen, wenn ich durchs Wasser wate.

Es gibt aber auch dieses Berühren, was mich bis in meine Tiefe erreicht. Das Leuchten eines Vollmondes mit seiner Klarheit, kann mich komplett sprachlos und ergriffen machen. Ein Blick auf weites Meer lässt mich über meine Winzigkeit und Unwichtigkeit lächeln. Die Farben eines Sonnenauf- oder -unterganges besitzen die ungeheure Kraft, mich an das zu erinnern, was ich bin und was ich will. Musik ist in der Lage, mich dort zu treffen, wo ich gar nicht mehr vermutet habe, getroffen werden zu können.

Es ist das Leben, welches mich berührt, innen und außen. Einfach nur dieses krasse, unkontrollierbare und wunderbare Leben. Und was mich diese Berührungen so intensiv wahrnehmen lässt, ist die Liebe dazu. Liebe, die ich nicht beeinflussen, nur zulassen kann. Sie fließt durch jeden Teil meines Körpers. Liebe, die unmöglich mit Worten zu beschreiben ist. Jeder muss sie für sich selbst erleben.

Es gibt auch Menschen, welche die selbe Wirkung auf uns haben. Sie berühren uns, noch bevor sie uns anfassen. Wir werden zum Schwamm, der die pure Anwesenheit eines solchen Menschen aufsaugt. Ohne eine Erklärung dafür zu brauchen, berührt uns so ein Mensch, wenn er uns ansieht, aber auch wenn er in die Ferne schaut. Er berührt uns durch seine Worte oder selbst, wenn er schweigt. Sein Tun kann uns beeindrucken, aber ebenso sein Innehalten.

Wenn solch ein Mensch dich dann wirklich berührt, wenn seine Haut ganz nah an deiner ist, gleicht es einer Naturkatastrophe. Solche Berührungen sind warm wie die Sonne, frech wie der Wind, sanft reinigend wie der Regen, kitzelnd wie das Gras und voller Kraft wie die Wellen. Sie bringen dir Klarheit, wie die des Vollmondes, das Erkennen von Unwichtigkeiten, wie der Horizont am Meer und ja, sie lassen deinen Körper beben, genauso wie laute Musik. Alles geschieht im selben Moment. Auch hier kannst du es nur spüren, wenn du dem Leben und der Liebe freien Lauf lässt und dich dem hingibst. Denn alles andere wäre nur Anfassen, aber kein Berühren.

Sonne, Meer, Gras, Mond wissen nicht, was sie bei uns bewirken oder warum wir sie lieben. Sie sind einfach nur da. Und Leben? Es weiß auch nichts. Es geschieht einfach und spielt mit uns nach Lust und Laune.

Auch so ein Mensch, wird nicht wissen, dass er uns berührt. Er ist ja auch nur da und wird nicht verstehen, wenn du versuchst, ihm zu erklären, was er in dir auslöst. Spar dir die Worte. Es sei denn, auch du konntest ihn berühren. Aber dann braucht es erst recht keine Worte.

Liebe und Leben lassen sich eben nicht erklären und verstehen. Sie berühren uns und das genügt.

Kokon

Du glaubst, du hast mich nackt gesehen.

Weil ich meine Kleider für dich abgelegt habe, denkst du, du hattest alles von mir. Aber was hast du wirklich gehabt? Meinen Körper, nur meinen Kokon.

Du konntest mich anschauen, aber nicht sehen. Du konntest mich anfassen, aber nicht berühren. Denn erst, wenn ich den Kokon öffne, kannst du mich erkennen, wenn ich mich mit allem zeige, was mich ausmacht, mit meinen Geschichten, mit meinem Schmerz, meinen Ängsten und meinen Zweifeln.

Auch berühren kannst du mich erst, wenn ich es zulasse, wenn ich den Kokon für dich abwerfe und du stark genug bist, alles was zum Vorschein kommt, sanft zu halten. Wenn du meine Liebe, mein Vertrauen, meine Sehnsüchte achtest und hütest, wie ein kostbares Geschenk. Denn, wenn ich mich dir zeige, in meiner ganzen Größe und Schönheit, gebe ich dir auch das Messer, mit dem du mich verletzen kannst.

Nein, du hast mich nicht nackt gesehen. Nackt sieht mich nur der, der ebenfalls seinen Kokon öffnet, damit auch ich ihn sehen und berühren kann. Bis dahin ist alles nur Oberfläche.

Einen Kokon für einen Moment anzufassen, bedeutet nicht, den Schmetterling gefangen zu haben!

Zuhause lauert die Vergangenheit

Du warst hier. Nach so langer Zeit bist du endlich für ein paar Tage zurückgekommen, nach Hause. Ich konnte dich umarmen und so viel reden, mit dir, meinem kleiner Bruder. Aber wen habe ich gesehen? Wer kam mir auf dem Bahnhof lachend entgegen? Und wen habe ich nun wieder gehen lassen?

Du hattest Angst nach Hause zu kommen. Erinnerungen und Enttäuschungen hielten dich bisher fern. Jahrzehnte hast du versucht, zu verdrängen und bist die ganze Zeit vor der Konfrontation mit deiner Vergangenheit geflohen. Aber weißt du, dem kannst du nicht entfliehen. Genauso wenig, wie ich es kann.

Du warst damals ein Teenager, als unsere Mutter tot im Wohnzimmer lag. Du hast sie gefunden und konntest nichts mehr für sie tun. Der Gerichtsmediziner erzählte mir später, dass ihr niemand mehr hätte helfen können. Sie ist im Alkohol ertrunken. Diese jahrelange Sucht hat sich an jenem Abend im Februar vor über 20 Jahren gerächt.

Zu diesem Zeitpunkt war ich, als Älteste, schon lange weg. Ich war gegangen, ohne mich nach meinen drei Geschwistern umzudrehen. Aber glaube mir, wäre ich nicht geflohen, hätte mich dieser Sumpf verschlungen. Ich musste mich selber schützen und retten. Ich habe verdammt oft an euch gedacht und mir gewünscht, dass ihr dort wegkommt. Aber so viele Menschen haben zugesehen und geschwiegen, obwohl sie alle wussten, was dort in unserem Zuhause passierte. Ich hatte keine Verbündeten und war ja selber noch so jung.

Du kannst dir nicht vorstellen, wie oft ich immer wieder diese Nacht erlebe, in der du als Vierjähriger weinend im Wohnzimmer unserer Eltern standest, eingehüllt in eine Wolke aus dichtem Zigarettenqualm und dem widerlichen Gestank aus den Schnapsflaschen. Die Musik war so laut, aber ihr Geschrei und das Klatschen der Schläge aufeinander noch so viel lauter. Und dazwischen standest mitten in dieser Nacht du, dieser kleine Junge, und riefst immer wieder weinend: „Hört auf euch zu hauen!" Sie haben dich weder gesehen noch gehört. Aber ich habe dich gehört und kam, um dich auf dem Arm wieder in dein Bett zu bringen. Weißt du eigentlich, dass ich auch geweint habe und Angst hatte? Ich hatte immer Angst, wenn sie betrunken waren und sich schlugen. Angst, dass irgendwann eine solche Schlägerei für einen von beiden schlimm ausgehen könnte. Wir waren doch noch Kinder und brauchten Eltern. Und wir waren mit ihnen allein. Niemand war da, der uns half.

Irgendwann, nach dem Tod unserer Eltern, bist du von hier weggegangen und hast begonnen, dein eigenes Leben zu leben. Ich wusste nicht genau, wo du bist und hörte nur davon, dass du Wege gingst, die nicht gut für dich waren. Du bist tief gefallen und ich konnte dir auch dabei nicht aufhelfen. Das tut mir leid, Kleiner. Glaub mir, ich habe mir in all den vielen Jahren so oft selber Vorwürfe gemacht, dass ich meine kleinen Geschwister nicht retten konnte. Ich habe mir die Schuld an eurem späteren Fallen gegeben und mich immer wieder gefragt, ob euer Leben anders verlaufen wäre, wenn ich nur irgendetwas getan hätte.

Nun warst du hier und hast deine große Schwester, die dich damals scheinbar rücksichtslos zurückließ, umarmt. Du hast mir mit deinen lieben Worten nach so vielen Jahren diese wahnsinnige Schuld genommen. Ich danke dir dafür.

Und schau uns an, kleiner Bruder. Wir können trotz allem was wir erfahren mussten, noch lachen und wir haben Spaß am Leben. Niemand fragt, warum wir sind, wie wir sind. Und niemand weiß von unseren gemeinsamen Wunden, keinen interessieren sie und keiner sieht deren Narben, die geblieben sind. So, wie auch damals niemand etwas gesehen hat. Aber, wir können die Vergangenheit nicht mehr ändern. Wir haben gelernt, damit zu leben, was sie aus uns gemacht hat und wir dürfen nicht zulassen, dass sie auch uns Geschwister alle voneinander trennt. So einen Triumph sollten wir dieser Vergangenheit nicht gönnen.

Als du mir auf dem Bahnhof entgegen kamst und auch, als ich dich nun wieder verabschieden musste, umarmte ich nicht den erwachsenen Mann. Nein, ich drückte den Vierjährigen, der Dinge sah, die er nicht sehen sollte, der Worte hörte, die er nicht hätte hören sollen und der nachts zitternd in der Hölle stand und so laut nach Liebe schrie.

Ich habe dich weinen gehört, Kleiner...

... damals und auch heute.

Das Monster an deiner Seite

Da saß ich nun heute regungslos auf der Bettkante und starrte so ewig in mein Zimmer. Ich weiß nicht, wie lange ich da so untätig einfach vor mich hin weinte. Ich erlag für diese gefühlte Ewigkeit des Vor-Mich-Hin-Starrens vollkommen der Hilf-, Rat- und Fassungslosigkeit. Das Resultat meines sich überschlagenden Gedankenkonstrukts war eindeutig. Menschen sind Tiere. Aber nein, Tiere verhalten sich intuitiv und meist sozial, sogar empathisch ihren Artgenossen gegenüber. Der Mensch ist schlimmer, denn er ist berechnend und so verdammt egozentrisch. Menschen sind keine Tiere, sondern Monster. Und sie weilen manchmal direkt neben uns.

Wir leben alle in einem sozialen Umfeld. Da sind Freunde, Bekannte, Familie und Partner, die unseren Weg begleiten. Aber im Laufe unseres Lebens verändern und formen uns Geschehnisse und Erfahrungen. Dann kann es passieren, dass man scheinbar nicht mehr die selbe Sprache spricht, sich nicht mehr versteht und einst gemeinsame Wege sich spalten. Es trennt sich. Das zu akzeptieren kann sehr schwer sein. Und nicht jeder Beteiligte ist in der Lage, in diese, manchmal auch schmerzhafte, Akzeptanz zu gehen. Plötzlich, wenn erkannt wird, dass der Andere sich verändert und nicht mehr so funktioniert und kooperiert, wie man es gewohnt war und natürlich auch vorausgesetzt hat, weil dieser Mensch sich durch Ohrfeigen des Lebens weiter- oder in eine andere Richtung entwickelt hat, wird so ein Monster geboren. Es braucht keine neun Monate Schwangerschaft um ans Licht zu kommen. Das geschieht von einem Moment auf den anderen.

Da wird gehasst, erniedrigt, gedemütigt und getreten, wie nach einem tollwütigen Hund. Man will verletzen und zum Abschied nochmal so richtig weh tun. Da wird alles an sich gerissen und der Andere wirklich wie ein Hund, ohne Napf und Körbchen ausgesetzt. Die eigene verletzte Eitelkeit, aber auch Unzulänglichkeit, Unselbstständigkeit und Bequemlichkeit wird auf den Anderen projiziert. Da ist ja schließlich ein Schuldiger für das persönliche Unglücklichsein, und Schuldige werden erbarmungslos und ohne Rücksicht eliminiert. Da wird jemand für das bestraft, was er im Leben erfahren, was ihn verändert und geprägt hat. Wenn er nicht mehr in gewohnter Weise funktioniert, kann man sich auch nicht mehr wie bisher auf ihn verlassen. Man kann sich in seinem Schatten nicht mehr vor dem Leben schützen. Er wird so nicht mehr benötigt, also kann er weg. Sofort! Er bekommt dann nicht einmal die Chance, vor dem endgültigen Verabschieden seine existentielle Situation neu zu organisieren und zu koordinieren. Er muss im schlimmsten Fall nur mit dem gehen, was er tragen kann und egal wohin, Hauptsache weg. Wo er heute Nacht schläft, interessiert nicht mehr, wenn man scheinbar zufrieden mit seiner eigenen Überheblichkeit und Genugtuung im ehemals gemeinsamen Bett liegt. Bei solchen Trennungen werden Menschen ins Bodenlose geworfen. Sie werden eben weggetreten, wie auch ein tollwütiger Hund. Wer dann nicht stark genug ist, wird sehr lange brauchen, um sich am Rand dieser Bodenlosigkeit wieder hochzuziehen. Wenn man alles verliert, und das Leben sowie auch die Existenz quasi auf Null gesetzt werden, braucht es Mut und Kraft, um die Startlinie ein weiteres Mal zu betreten und neu durchzustarten.

Ich habe in den letzten Tagen eine ähnliche Geschichte aus der Ferne miterleben müssen. Ich war nicht dabei und weiß auch nicht, was getan, gesagt oder sich vorgeworfen wurde. Aber das spielt für mich auch keine Rolle. Egal, was und wie es dazu gekommen ist, man muss sich doch nicht zum Schluss einer Begegnung (egal, welcher Art) gegenseitig das Messer in den Rücken jagen. Es sollte niemand, aus verletztem Stolz oder Enttäuschung, eine Trennung nutzen, um die Existenz oder die Gesundheit des Anderen aufs Spiel zu setzen.

Vor vielen Jahren beeindruckte mich eine TV-Kommissarin, als sie sagte: „Das Gegenteil von Liebe ist nicht Hass, sondern Gleichgültigkeit." Ja, diese Gleichgültigkeit kann bei Trennung ganz gefährlich werden; dann, wenn uns das Leben des Anderen so egal wird, dass wir bereit sind, ohne Gewissen und ohne Rücksicht darauf herumzutrampeln, blind vor

Schuldzuweisungen und angetrieben von unserer an-
gekratzten Wichtigkeit.

Wir neigen dazu, uns über die Grausamkeiten des
Weltgeschehens zu empören. Wir diskutieren und de-
battieren Auseinandersetzungen und Konflikte auf an-
deren Kontinenten. Dabei übersehen wir großzügig,
dass wir die grausamsten Kriege selber führen; mit
den Menschen, die um uns sind, die einen Teil des
Weges mit uns gingen und die wir erbarmunglos weg-
stoßen, wenn sie uns nicht mehr nützlich sind.

Ja, ich saß heute einfach so da und habe geweint, weil
ich mich hilflos und ratlos fühlte, aber vor allem, weil
ich die wirklichen Monster nicht mehr dort draußen in
der Ferne erkenne, sondern so nah sehe. Sie leben
fröhlich unter uns...

... und manchmal schlummern sie sogar lange Zeit un-
erkannt mit uns in einem Bett.

Ich bleib einfach bei dir liegen

Hey du, meine wunderbare Sonnenblume. Ich sehe, dass das Leben dir einen verdammt heftigen Sturm geschickt hat. Du, die einst so wunderschön und einzigartig in einem Feld voll tausend anderer Sonnenblumen für mich gestrahlt hat, wurdest geschüttelt, zersaust und gebogen. Du hast Blätter verloren, dein leuchtender Blütenkopf hängt etwas schräg und dein starker, dich aufrecht haltender Blütenstiel hat Risse bekommen.

All die anderen Sonnenblumen auf diesem Feld drehen sich weg. Für sie bist du nicht mehr so schön, du passt nicht mehr zu ihnen und sie können dein einst grelles Leuchten nicht mehr für ihr eigenes Licht missbrauchen, weil es jetzt hin und wieder etwas flackert.

Für mich aber bist du immer noch diese phantastische Sonnenblume. Du hast in meinen Augen nichts von deiner Schönheit, Stärke und deinem Glanz verloren. Ich kann all das immer noch sehen und mich so sehr daran erfreuen.

Trotzdem stehe ich hilflos vor dir und bin unfähig, deine Blessuren zu verarzten. Wie verzweifelt ich auch versuche, deine abgefallenen Blätter wieder anzukleben und deinen Blütenkopf in Richtung Sonne zu heben, es ist unmöglich für mich. Dieser verfluchte Sturm hat zu viel Schaden angerichtet.

Weißt du, was ich jetzt einfach tue? Ich lege mich zu dir! Dabei werde ich ganz still sein, damit ich dich nicht erschrecke. Du sollst nur spüren, dass ich ganz nah bei dir bin. Wenn ich weine, schau weg, denn mit diesen Tränen gieße ich dich lediglich ein wenig. Wenn dein wunderschöner Blütenkopf zu schwer wird und du dich für einen kurzen Moment nicht aufrecht halten kannst, stehe ich auf und stell mich stützend vor dich, bis du wieder allein stehst und ich mich zurück an deinen Fuß lege.

Glaube mir, ich möchte dich so verdammt gerne abpflücken und mit dir aus diesem Feld der Arroganz, Ignoranz und Selbstgefälligkeit verschwinden. Aber ich kann dich nicht einfach zu meinem Vergnügen abbrechen und mitnehmen. Was, wenn du unterwegs verwelkst? Also bleibe ich hier bei dir liegen, damit meine Tränen weiterhin deine Wurzeln gießen, mein Herz deine Risse küsst und mein Lachen deine drolligen Blütenblätter auch endlich wieder grinsen lässt. Das mache ich, solange es dir gut tut. Und wenn du irgendwann willst, dass ich dich komplett verpflanze, hole ich natürlich auch einen Spaten. Und wenn du willst, dass ich länger hier liegen bleibe, besorge ich mir ein bequemes Kissen.

All das wird dich nie wieder zu der Sonnenblume machen können, die du warst. Das weiß ich selber. Aber vielleicht kann ich hin und wieder das Akku für dein Leuchten und Strahlen ein wenig aufladen, selbst, wenn ich nur die bin, die als kleiner Schatten ungesehen an deinem Fuß verweilt, jedoch...

... immer noch jedes verbliebene Blatt an dir so verdammt lieb hat und mit einem Lächeln ganz vorsichtig streichelt.

Schlaf dich mit mir weg

Als ich schlief, spürte ich wohlige Wärme und Geborgenheit.

Als ich schlief, träumte ich vom Himmel, dem Meer und dem unendlichen Horizont.

Als ich schlief, war ich so unglaublich frei und ungezwungen.

Als ich schlief, trugen mich Wellen sanft schaukelnd neugierig ins Ungewisse.

Als ich schlief, atmete ich staunend die Leichtigkeit des Lebens.

Als ich schlief, streichelte Stille liebevoll meinen Körper.

Als ich schlief, war alles möglich und nichts da, was Angst machte.

Als ich schlief, fiel warmer leichter Regen auf mein Gesicht und spülte alles Unwichtige fort.

Als ich schlief, spürte ich mein Herz schlagen und meine Seele albern tanzen.

Als ich schlief, lachte meine Liebe und Lebensfreude

schlug Purzelbäume.

Als ich aufwachte, begann ich zu frieren, weil mir grausige Kälte entgegenschlug.

Als ich aufwachte, blieb keine Zeit mehr, um vom Himmel und dem Meer zu träumen.

Als ich aufwachte, wurde ich verplant, bestimmt und dirigiert.

Als ich aufwachte, musste ich kontrollieren, um nicht selbst kontrolliert zu werden.

Als ich aufwachte, atmete ich Trübsinn, Verbitterung und Ernsthaftigkeit, die mich fast ersticken ließen.

Als ich aufwachte, war es so laut, dass der Klang des Lebens nicht mehr hörbar war.

Als ich aufwachte, wurden mir Grenzen gesetzt, mit Angst eingezäunt.

Als ich aufwachte, wehte mich eisiger Sturm von meinem eigenen Weg.

Als ich aufwachte, versteckte sich mein Herz vor mir und meine Seele suchte weinend danach.

Als ich aufwachte, erstarrte mein Lachen und ich vermisste die Liebe.

Nun bin ich also wach und dabei doch so müde. Ich finde meine Decke nicht mehr, die mich schützt und versteckt.

Ich möchte aus der Kälte zurück ins Feuer, aus der Gleichgültigkeit in das aufregend Unvorhersehbare. Ich versuche aus dem überfüllten Saal zu fliehen, in dem jedes unnötige Geplapper tausendfach so schrecklich laut widerhallt. Ich möchte wieder gehen, ohne aufgehalten zu werden. Mein Herz soll wieder so laut schlagen, dass es gehört wird, dort wo auch meine Seele sich lächelnd ohne Zögern anlehnen kann.

Komm, gib mir einen Zipfel von deiner Decke, halt mich ein wenig fest, damit ich nicht friere und dann schlaf mit mir, schlaf dich mit mir weg...

... nur für diesen Moment, für diesen Traum, bis das Leben uns für das nächste Kapitel wieder wachrüttelt.

Gestohlenes Vertrauen

Ich wollte nicht mehr an dich denken und ich wollte dich nicht mehr fühlen. Das ist mir in den vergangenen Wochen auch ziemlich gut gelungen. Keine Nächte mehr, in denen ich wach lag und mich fragte, wie es dir geht und was du tust. Nicht mehr diese Frage, ob auch du manchmal an mich denkst. Keine Tage mehr, an denen ich um dich weinte. Keine Wut, kein Hass, keine Trauer, keine Liebe… gar nichts mehr. Und so war es gut. Aber heute tauchtest du ungewollt wieder auf.

Ich war nämlich am Meer. Dort an diesem großen Wasser, das wir vor einigen Monaten noch gemeinsam bestaunt haben. Wir saßen damals einfach so da, haben gar nicht viel geredet. Ich schaute auf den Horizont und musste dir nichts erklären. Denn du wusstest genau, welche Frage sich mir beim Blick auf diese scheinbar mit Bleistift gezeichnete Linie dort hinten immer wieder stellt. Heute erinnerte ich mich wieder an dein Grinsen und deine Augen, an deine Stimme. Und ich fühlte deine verdammte Nähe, obwohl du mir schon so lange nicht mehr nah bist.

Als wir uns zum ersten Mal begegneten, lugte ich hinter einer dicken Mauer hervor. Die hatte ich mir mühevoll aufgebaut und ich war stolz auf mein Werk. Niemand konnte mich komplett hinter ihr erkennen. Aber du hast nicht locker gelassen und Stein für Stein abgetragen. Solange, bis ich komplett nackt vor dir stand.

Seitdem weißt du alles von mir. Du kennst jeden meiner Gedanken und jedes Gefühl. Du hast meinen derben Humor ertragen und auch meine Tränen bemerkt. Du weißt, an welchem Ort ich in diesem Leben noch einmal sein möchte und welche Träume ich noch habe. Du hast mich ungeschminkt angeschaut, aber auch mit der Maske gesehen, die ich für die Welt dort draußen täglich auflege. Du weißt sogar, welches mein Lieblingskleid ist.

Und dann hast du mich in dem Trümmerhaufen dieser eingerissenen Mauer irgendwann einfach stehen lassen. Hast dich nicht einmal mehr umgedreht. Nun sitze ich jedoch hier zwischen den Steinen und bin mittlerweile schon wieder ganz gut vorangekommen, dieses Versteck erneut aufzubauen, größer und stabiler als vorher. Nein, es ist nicht schön dahinter. Es ist dort einsam und manchmal tut es mir ein wenig leid, wenn jemand sich daran stößt, weil er nicht näher an mich herankommt. Doch, ich habe Angst. So fürchterliche Angst, dass ich irgendwann wieder schutzlos allein stehen gelassen werde, nachdem ich alles gegeben und gezeigt, nachdem ich widerstandslos vertraut habe. Denn es tut so wahnsinnig weh, wenn jemand mit diesem geschenkten Vertrauen einfach verschwindet. Ja, du hast es wunderbar geschafft, dass ich mich wieder hinter dicken Mauern verstecke und dabei im-

mer hoffe, dass mich niemand mehr so wie du er-
kennt.

Natürlich möchte ich wieder vertrauen. Ich möche
auch so gerne wieder meine Gedanken und mein ver-
rücktes Fühlen für dieses Leben mit jemandem teilen.
Ich möchte Nähe so nah wie möglich. Aber ich schaffe
es nicht. Jeder, der an meine Mauer tritt, bedeutet Ge-
fahr für mein Herz, das sich doch gerade von dir er-
holt hat. Und diese unerträglichen Schmerzen will ich
nicht schon wieder aushalten müssen.

Nun stand ich da heute also am Meer und bestaunte
allein den Horizont, während du plötzlich wieder in
meinen Gedanken auftauchtest. Aber weißt du, was
ich dann tat? Obwohl es so kalt und stürmisch war,
zog ich die Schuhe aus und ging ins Wasser. Meine
Füße und Beine brannten von der Kälte und sie taten
weh. Und trotzdem lief ich noch eine Weile weiter
durchs Meer.

Denn als die eisigen Wellen vom Sturm mit ungeheu-
rer Kraft gegen meine Waden geschlagen wurden,
spürte ich endlich wieder mich und nicht mehr dich...

... und ein neues Lieblingskleid habe ich übrigens
auch.

∞

Die Liebe fährt heim

Sie ging da raus, sich ihrer Kraft und Stärke bewusst, um zu halten und zu schützen, was ihr so groß und so wunderbar, so besonders, erschien. Sie war sich ganz sicher, dass ihre Stärke, ihr Mut dafür reicht.

Nun kehrt sie zurück, sitzt auf der Rückbank im Auto, einfach stumm in die Nacht durch die Fensterscheibe blickend. Da rauscht die Welt in der Dunkelheit an ihr vorbei, eine irrsinnige, verrückte Welt, die nicht ihre ist.

Während der Fahrt Stille. Es scheint, als ob kein Platz mehr für Worte ist, da wo sie den Raum mit ihren Gefühlen und Emotionen füllt.

Sie war dem Gegenüber so nah, konnte diese Nähe atmen hören, sehen und alles davon aufsaugen, aber nicht berühren. Doch mit jedem Kilometer, den sie sich entfernt, geht nur ihr Körper. Alles andere hat sie dort gelassen. Ihre Kraft, die letztendlich nicht ausreichte, um ganz allein die Großartigkeit dieses Geschenks zu tragen, zu hüten, zu schützen. Sie lässt ihre Worte zurück, ihr Lachen, ihre Tränen, ihre Blicke und ihre Wärme. Und ja, es fühlt sich immer noch so verdammt richtig an, da so tief in ihr drin.

Und sie schweigt während des Heimwegs, weil niemand es versteht, weil niemand wie sie sieht und niemand wie sie fühlt. Jedes Wort wäre der erfolglose Versuch einer Erklärung. Sie will sich nicht mehr erklären müssen für ihr Sein und für all ihr Fühlen.

Im Scheinwerferlicht stehen die Bäume Spalier, ihre Kronen wie eine schützende Hand ihre Fahrt begleitend, als würden sie allen Dreck dort draußen von ihr, von ihrem Licht, fernhalten.

Die Nacht mit ihrer Stille bringt sie heim, bringt sie, die Liebe, ebenso still und leise nach Hause, wissend, dass sie sich zu ihrem gefühlten Zuhause gerade entgegengesetzt bewegt,...

... weil nur Liebe und Mut in diesem Leben manchmal eben nicht reichen.

Total blockiert!

Seit einigen Tagen schreit mich mein Facebook an. Jedesmal, wenn ich es öffne, wird mir vorwurfsvoll in einem Fenster mitgeteilt, dass über 2.000 Follower darauf warten, dass ich endlich wieder einen Beitrag schreibe. Da du mir ein schlechtes Gewissen einreden wolltest, habe ich es nach deiner Aufforderung versucht, Facebook. Wirklich! Aber sorry, es klappt im Moment nicht.

Es geht mir nicht gut. Ich habe täglich wahnsinnige Schmerzen und der Motor in meiner Brust gerät zurzeit wieder mächtig aus dem Takt. Etwas stimmt mit meinem Körper nicht. Das macht mir Angst und ich sorge mich ein wenig um mich selber. Zusätzlich herrscht um mich herum gerade sehr viel Trubel, in welchen ich ungewollt eingebunden werde. Nachdem du, Facebook, mich ständig angebrüllt hast, ich solle schreiben, habe ich mich hingesetzt und angefangen. So einige Abende habe ich, trotz Schmerzen und ständiger Müdigkeit, versucht, meine Gedanken, Ereignisse, Beobachtungen und auch emotionalen Messerstiche in Worte zu fassen. Denn all das ist ja trotzdem da und wartet nur darauf, aufgeschrieben zu werden. Aber, jeder Versuch wurde zu einer Quälerei, einer verzweifelten Suche nach Worten. Letztendlich habe ich am Ende so eines Abends die Entf-Taste gedrückt und somit die stundenlange Arbeit wieder in einen leeren Bildschirm verwandelt. Ich bin im Moment nicht – wie ich es nenne – im Flow. Normalerweise sprudelt alles aus mir heraus und die Finger bringen von ganz allein die Tastatur zum Glühen. Aber jetzt ist jeder Satz eine unlösbare Aufgabe. Schreibblockade! Und dein ständiges Du-musst-schreiben, setzt mich unter Druck, Facebook, und dadurch geht bei mir gar nichts mehr.

Von diesem Druck ist nämlich genug im Außen. Jeder meint zu wissen, was ich tun muss. Ich MUSS doch endlich zum Arzt gehen. Ich MUSS mich doch freuen, dass mein Sohn demnächst heiratet. Ich MUSS mich freuen, dass meine Tochter mich in einigen Wochen ungefragt zur Oma macht. Ich MUSS mir doch endlich mal einen besser bezahlten Job suchen. Ich MUSS endlich erkennen, dass ich mich in Menschen getäuscht habe.

Aber hey, man möge mir doch den Zeitpunkt überlassen, an dem ich mich entscheide, einen Doktor aufzusuchen. Man möge auch die Gefühle einer Mutter verstehen, wenn ihr kleiner Bengel nun die Hand einer anderen Frau hält. Man möge mir bitte Zeit geben, mit der Vorstellung „Oma" genannt zu werden, zurechtzukommen. Ich möchte auch allein entscheiden, ob ich meinen Job, der mir doch Spaß macht, aufgebe, und nicht ständig mit Stellenangeboten in die Enge getrieben werden. Und auch, ob jemand mir wirklich nicht gut tat, möchte ich für mich allein herausfinden.

Ich funktioniere nicht auf Knopfdruck. Ich fühle auch nicht auf Befehl. Ich brauche meine Zeit und den richtigen Zeitpunkt für alles. Aber das Wichtigste, es muss immer meins sein und nicht die Gedanken, Gefühle und Vorstellungen von anderen. Und selbst diese Schreibblockade, was auch immer gerade ihre Ursache sein mag, wird sich nicht auflösen, wenn mein Smartphone mich täglich anbrüllt, dass ich endlich schreiben soll. Die Worte in meinem Kopf werden sich erst dann wieder zu vernünftigen Texten formatieren, wenn ich bereit dafür bin. Aber bis dahin muss ich mich erst einmal um mich selber kümmern. Und ich bin mir sicher, dafür haben auch meine Facebook- und Website-Follower Verständnis.

Wie verrückt ist das eigentlich gerade? Beim Versuch zu erklären, weshalb ich nicht schreiben kann, habe ich doch schon wieder einen Text geschrieben...

...wahrscheinlich, weil ich es heute so wollte und nicht, weil ich es musste.

Ohne Papa

Eigentlich wollte ich nur deine durchgeknallte Tante sein. Die, die mit dir Cocktails trinkt, dummes Zeug redet, dich zum Lachen bringt und dir hin und wieder etwas peinlich ist. Aber nun sitzt du bei mir am Küchentisch und fragst, ob du mit mir reden kannst. Na klar, kannst du das.

Du sagst, dass du nicht mehr schlafen kannst und berichtest mir von deinen fürchterlichen Albträumen, seit dein Vater vor einigen Monaten gestorben ist. Du fühlst dich schlecht, weil du sein Bild im Moment nicht anschauen kannst und fragst, ob es nicht unnormal ist, dass du mit ihm sprichst, wenn du allein zuhause bist. Du erzählst mir auch, dass du so oft an ihn denkst und traurig bist. Aber immer, wenn das passiert, lenkst du dich ab, mit deiner Playstation oder mit deiner Arbeit. Du versteckst deine Traurigkeit, nur weil Andere sagen, die Zeit der Trauer könnte nun nach den drei/vier Monaten mal so langsam vorbei sein. Du weißt nicht, was richtig ist. Und du fragst mich auch, ob ich glaube, dass dein Vater noch irgendwo hier ist.

Hey Kleiner, du bist knapp 20 Jahre alt und dein Vater war so jung wie ich. Er war ein cooler Typ, ein Kerl wie ein Baum mit breiten Schultern. Seine langen blonden, ständig zerzausten Haare und seine Fransenlederjacke waren sein ganzer Stolz. Aber diese vielen

Operationen kosteten ihn seine Haare. Immer dann, wenn sie wieder gewachsen waren, stand eine neue OP an und sie mussten erneut weichen. Die Tumore in seinem Kopf ließen sich nicht aufhalten. Trotzdem war er so wahnsinnig stark, denn er hat jedes Mal daran geglaubt, dass er gesund wird und dass er weiter leben kann. Und auch du warst stark, weil du bis zum Schluss an seiner Seite warst. Du bliebst bei dem einst großen, starken und kräftigen Mann, als er nur noch hilflos und voller Schmerzen war, obwohl er nicht wollte, dass du ihn so siehst. Doch irgendwann schaffte er es nicht mehr. Und er musste dich zurücklassen.

Du fragst, ob ich dir helfen kann. Nein, das kann ich nicht. Ich kann dir deine Trauer nicht nehmen. Aber ich kann dir sagen, dass es nicht schlimm ist, wenn du mit ihm redest, selbst, wenn er nicht da ist. Wenn du sein Bild zurzeit nicht erträgst, leg es ruhig weg. Du wirst es eines Tages wieder hervorholen, dann, wenn es für dich richtig ist. Allerdings bitte ich dich, niemals diese Traurigkeit zu verdrängen. Lenk dich nicht ab, sondern lass sie zu und höre bloß nicht darauf, was andere dir sagen. Weißt du, ich habe auch Menschen verloren. Ich habe nachts unter Tränen geschrien, weil jemand gestorben war, der mir nahe stand und in meiner Verzweiflung andere angerufen, damit sie bei mir sind. Aber sie kamen nicht. Sie ließen mich allein. Dieselben haben mir auch gesagt, wie lange ich trauern darf und wann ich wieder zu funktionieren habe. Ich habe darauf gehört. Dafür brach ich unter diesem

Nicht-Traurig-Sein-Dürfen Jahre später zusammen. Aber dann erwischte es mich richtig schlimm. Und wieder wurde ich damit allein gelassen. Ich möchte nicht, dass es dir auch so geht. Deshalb schrei raus, wenn du deinen Papa vermisst, rede und frage, was du fragen willst und weine, wenn du weinen musst. Niemand hat das Recht, dir zu sagen, auf welche Art und wie lange du um deinen Vater trauerst. Du allein wirst fühlen, wenn diese Trauer nachlässt und sich in Dankbarkeit verwandelt.

Ob dein Dad hier noch irgendwo ist, weiß ich nicht. Du sagst, man hätte dir erzählt, jemand wäre erst dann tot, wenn er vergessen wird und niemand mehr an ihn denkt. Ja, ich glaube, genauso ist es. Solange du an ihn denkst, wird er hier sein... für dich.

Lass mich dir noch sagen, dass der nun letzte Weg deines Vaters vom Leben so entschieden wurde. Du sagst, bevor er ging, hat er noch einmal kurz geseufzt. Vielleicht war es so ein Seufzen, wie wir es manchmal von uns geben, wenn wir etwas geschafft und endlich zu Ende gebracht haben, wenn Erleichterung eintritt. Dein Vater wollte und musste gehen. Ich denke, es ist nur unser Egoismus, an Menschen zu klammern, weil sie uns guttun, weil wir sie so gern und bei uns haben wollen. Damit machen wir es ihnen aber schwer, sich auf ihren letzten Weg begeben zu können. Doch wir haben nicht das Recht, sie festzuhalten, nur weil der

Abschied uns selber so weh tut. Deshalb, lass deinen Papa gehen.

Nein, ich kann dir deine Trauer nicht nehmen. Aber ich kann bei dir sein und dich auch in den Arm nehmen. Rede mit mir, wann immer du möchtest. Auf keinen Fall lasse ich dich mit all den Gefühlen und Gedanken allein.

Hey, und wenn du es möchtest, bin ich doch noch die coole Tante. Dann mix ich uns einen Drink, wir prosten deinem Papa zu und hören gemeinsam ganz laut „Ohne dich" von Rammstein, die Musik, die dein Vater so geliebt hat...

... und die Welt da draußen hat es einen Scheiß zu interessieren, ob wir dabei lachen oder weinen!

Geschenkter Himmel

Jemand schenkt mir fast jeden Tag ein Stück Himmel.
Hört sich verrückt an. Ist es irgendwie auch!

Seit einigen Tagen bekomme ich morgens ohne gro-
ßen Kommentar ein Foto aufs Handy geschickt. Dar-
auf ist nichts weiter zu sehen, als der scheinbar un-
spektakuläre Himmel. Eventuell noch ein paar obere
Stockwerke von Häusern. Der Berliner Fernsehturm
war auch schon mal mit drauf. Der nette Kerl, der mir
fast täglich morgens in der Früh diese Fotos schickt,
tut das einfach, weil ich ihn darum gebeten und ihm
gesagt habe, dass ich mich darüber freue. Ich bin mir
sicher, er hat keine Ahnung, weshalb mir das mor-
gendliche Foto Freude bereitet. Ich habe es ihm bisher
auch nicht gesagt.

Ich liebe den Himmel einfach nur. Er ist für mich der
Inbegriff von Weite, denn er hört nirgends auf. Wie
ein schützendes Dach liegt er über mir. Da er nirgend-
wo endet, gibt er mir das Gefühl, dass mir nichts pas-
sieren kann, egal, wohin ich gehe oder wo ich gerade
bin. Himmel sieht jeden Tag anders aus, mal mit Wol-
ken betupft, mal strahlend blau, mal bedrohlich oder
einfach nur nichtssagend grau. Ich sitze gerne spät
abends oder nachts draußen. Dann, wenn er tief-
schwarz ist und nur der Mond wie ein Lampion oder
die Sterne wie Millionen LED-Lichter aus ihm heraus
strahlen.

Aber morgens ist er am schönsten, wenn der Tag anbricht, wenn alles nur langsam und noch unausgeschlafen in Bewegung kommt. Wenn das Leben blinzelnd aufwacht.

Diese Fotoa erinnern mich jeden Tag kurz nach dem Aufstehen, noch bevor ich selber vor die Tür gehe, daran, dass ich unwichtig bin. Ja, ich und all meine Sorgen, Gedanken, Problemchen und sogar mein alltägliches Tun, sind für das Leben an sich, unter diesem faszinierenden Himmel nicht wichtig. Jeden Morgen wird er hell und jeden Abend dunkel. Die Jahreszeiten wechseln sich weiterhin ab. Die Sonne scheint und der Regen kommt oder bleibt, wie in diesem Jahr, einfach weg. Ich werde dafür nicht gebraucht.

Noch krasser empfinde ich es, wenn ich irgendwo am Strand stehe und sehe, wie der Himmel aufs Meer trifft. Wow, dann küsst dieser endlose Himmel am Horizont das endlose Meer. Für wie groß und wichtig kann man sich dann noch halten, wenn man davor steht und doch so winzig ist? Jemand sagte zu mir, jeder von uns wäre wichtig, denn schließlich hätte auch jeder seine Aufgabe in diesem Leben. Vielleicht. Aber wenn ich meine Aufgabe nicht erfülle, wird es eben jemand anderes tun. Wir sind überall austauschbar, im Job, im Freundeskreis und in Partnerschaften. Und wir werden auch tatsächlich ausgetauscht, gnadenlos, immer wieder, unser Leben lang. Also, wie wichtig sind wir wirklich? Was bilden wir uns da ein? Ganz ehrlich, wenn ich keine Kraft mehr benötige, um meine geglaubte Wichtigkeit ständig unter Beweis stellen zu müssen, wenn ich mich nicht mehr aufplustern und ständig kämpfen muss, damit mich andere für wichtig halten und auch, wenn ich über meine Winzigkeit unter diesem Himmel lachen kann, lebe ich anders; bedeutend ruhiger und gelassener.

Dieses Foto, morgens aus einer anderen Stadt, zeigt mir den Himmel, so wie er dort gerade in diesem Augenblick ist. Meist ganz anders als hier bei mir und trotzdem ist es der selbe, was mich immer wieder wahnsinnig beeindruckt.

Egal, wie verrückt mein Wunsch war, am Morgen Fotos vom Himmel zu bekommen und, dass der nette Typ gar nicht wusste, warum. Er hat sie bisher einfach geschickt, ohne dass ich mich bei ihm dafür erklären musste. Genau das hat ihn nun aber plötzlich wichtig gemacht. Nicht für das Leben dort draußen und nicht für das Meer, weder für den Sonnenauf- oder -untergang, noch für die Farbe des Himmels, sondern nur für mein Lächeln und mein Staunen ...

... über einen scheinbar belanglosen Himmel, über ihm und mir in diesem kurzen Moment.

∞

Mach deine Sache gut, mein Sohn

Es ist schon Nacht. Mein quietschgelbes Kleid hängt endlich gebügelt am Schrank und die Taschentücher sind für alle Fälle bereits in der Handtasche verstaut. Ich frage mich, wie du dich heute Nacht fühlst und ob du dich fragst, wie ich mich fühle. Nein, du bist aufgeregt und in so einer Nacht denkt man auch nicht an seine Mutter. Aber sie denkt an dich.

Du wirst morgen meine Hand loslassen und ich werde nicht versuchen, dich festzuhalten. Denn eine andere Frau wird nun deine und du ihre halten. Da werden Menschen sein, die euch das Übliche wünschen... Glück, Liebe und wahrscheinlich auch Kinder. Eben, was man einem Brautpaar so wünscht. Was wünsche ich dir? Und was wünsche ich vor allem mir?
Ich habe versucht, dich zu dem Mann zu machen, den eine Frau ehrlich lieben kann. Das war nicht immer so leicht, vor allem, wenn man eine lange Zeit Mutter und Vater gleichzeitig sein musste. Aber ich habe mir wirklich Mühe gegeben und es wohl geschafft, denn schließlich wird morgen eine Frau aus Liebe Ja zu dir sagen. Sie hat sich für dich entschieden.

Hör zu, mein Junge, trag die Liebe dieser Frau vorsichtig und behutsam, wie ein zerbrechliches, wertvolles Geschenk. Begegne ihr immer mit Respekt und sei der Mann an ihrer Seite, auf den sie sich verlassen und dem sie blind vertrauen kann. Gib ihr Halt, aber halte sie niemals fest. Lass ihr Raum für eigene Träume und Wege, dann wird sie dich gerne dahin mitnehmen. Lauf nicht wie ein Hund hinter ihr her, aber stell dich ihr auch nicht wie ein Fels in den Weg. Geh neben ihr, damit ihr auf Augenhöhe vor euch das Selbe sehen könnt.

Schau deine Frau an, aber nicht nur in ihr Gesicht. Sieh in ihr Herz, ihre Seele und vor allem tief in ihre Augen. Dann wirst du immer auch das erkennen, was sie der Welt nicht zeigt, weil es nur für dich bestimmt ist. Sei ihr auch stets der beste Freund. Lach mit ihr, streite mit ihr und nimm sie wortlos in den Arm, wenn sie weint. Mach aus einer kleinen Szene nie einen gro-ßen, dramatischen Film. Ich weiß, wir Frauen sind manchmal etwas merkwürdig und bestimmt nicht im-mer für euch Männer leicht zu verstehen. Auch du musst sie nicht ständig verstehen können. Einfach nur da sein, das reicht.

Mach deiner Frau niemals Angst, mein Sohn. Sobald sie Angst vor dir haben muss, wird diese ihre Liebe auffressen. Wenn du wütend, verzweifelt oder hilflos bist, weil das Leben nicht immer so fair ist, dann pro-jiziere diese Emotionen nicht auf sie. Sie ist nicht der Grund für deine Unzufriedenheit. Rede mit ihr, so oft und so viel wie möglich, damit ihr immer wisst, wie der andere sich fühlt und was ihn bewegt. Sei ehrlich zu deiner Frau, damit ihr Vertrauen zu dir nie in Miss-trauen umschlägt.

Und noch etwas. Verliere dich selbst nicht aus den Augen. Auch du hast Träume und Wünsche. Leg diese nicht beiseite. Geh auch du den Weg, der für dich wichtig ist. Aber, lass deine Frau daran teilhaben. Nimm sie mit, wenn sie dich begleiten möchte.

Ich las diese Woche einen schönen Satz: „Der Spiegel eines Menschen sind seine Kinder." Also los, schnapp dir die Hand deiner Braut und dann rockt gemeinsam mit ganz viel Spaß, Liebe und auch ruhig mal etwas verrückt dieses aufregende Leben. Das wäre mein Spiegel, in den ich dann lächelnd schauen kann.

Nun lauf mit ihr los und dreh dich dabei bitte nicht zu mir um. Ich will mir ungesehen ein paar Tränen wegwischen...

... weil es einer Mutter nun mal nicht so leicht fällt, die Hände ihrer Kinder loszulassen.

Mein "Ich liebe dich"

Weißt du eigentlich wie oft ich an dich denke? Hast du eine Ahnung, wie sehr ich dich mag? Kannst du verstehen, wie dieses Feuer in mir brennt, auch, wenn ich nie "Ich liebe dich" sagte und bestimmt auch niemals sagen werde?

Für das, was ich für dich fühle, was durch mich fließt, ist dieses "Ich liebe dich" viel zu klein, viel zu wenig. Diese (meine) Liebe, kann ich nicht mit Worten erklären. Denn ich habe irrsinnige Dinge gesehen, die mit dem Wort Liebe veranstaltet wurden. Da gibt es diese Partnerschaften, in denen aneinander gezogen wird, in denen Desinteresse, Gleichgültigkeit und Oberflächlichkeit sowie Langeweile zusammen gelebt wird. Machtkämpfe zwischen Mann und Frau, den anderen verändern wollen und sogar Gewalt wird unter dem Deckmantel der Liebe schön geredet.

Wie könnte ich dann mein Fühlen damit gleichstellen? Es gibt nicht die richtigen Worte dafür, was in mir passiert, wenn ich mit dir lache, weil wir selber der Grund dafür sein können, wenn ich mit dir stundenlang rede, weil wir uns über dieses verrückte Leben austauschen können, wenn wir staunend die untergehende Sonne beobachten und den Mond zusammen anschweigen können. Es steigen tausende Feuerwerkskörper, wenn ich dich sehen kann, nicht an deiner Oberfläche, sondern so viel tiefer und ohne in deiner Nähe zu sein.

Ich kann auch nicht erklären, warum ich auf so unglaubliche Ideen komme, um dir für nur einen Moment ein Lächeln ins Gesicht zu zaubern. Schon lange kann ich anderen nicht mehr verständlich machen, warum und was mich so intensiv brennen lässt. Vielleicht will ich es auch nicht mehr erklären.

Nur so viel sollst du wissen. Dieses wahnsinnige Gefühl lässt mich ständig bei dir sein, in deinen ausgelassenen, deinen zweifelnden und auch deinen dunklen Stunden, egal wo du bist oder wo ich bin. Es lässt mich zwischen deinen Worten hören und hinter deinen Zeilen lesen. Es lässt mich lachen und es bringt mich zum Weinen. Aber es ist immer ehrlich und offen, weil weder du noch ich irgendetwas dafür tun müssen oder können. Und glaube mir, auch mir selber ist dieses Gefühl manchmal unheimlich. Aber ich kann es nicht ändern und erst recht nicht mit "Ich liebe dich" ausdrücken.

Aber manchmal sage ich, dass ich dich gern habe, dass du mir wichtig bist und manchmal „Pass auf dich auf." Das sind meine eigenen kleinen „Ich liebe dich". Ich wünsche mir, dass du sie hören und erkennen kannst.

∞

Brauch mich bitte nicht!

Freitag war ein regelrechter Glücks-Tag. Unabhängig voneinander wurde merkwürdigerweise in meinem Umfeld überall das Thema Glück diskutiert... im Büro, in der Familie. Und ich selbst hatte eine wunderschöne Konversation mit einem bis dahin Unbekannten. Fazit dieses Tages war für mich, dass Glück wohl wirklich sehr individuell ist. Aber eines fiel mir auf. Viele verbinden ihr ganz eigenes Glück mit der Liebe und der Nähe eines anderen Menschen.

Da ist teils in Freundschaften, aber zumeist in Partnerschaften die Rede von „Nur du machst mich glücklich.", „Ich kann ohne dich nicht leben." oder „Ich brauche dich." Mich selber schüttelt es dabei ein wenig. Es ist unstreitbar natürlich wunderbar, jemanden an seiner Seite zu haben, mit dem man reden, lachen und auch leben kann und mit dem man sich gemeinsam einfach die Bettdecke über den Kopf zieht, wenn die Welt einen zu erschlagen droht. Aber bitte, sag diese Sätze nie zu mir!

Wenn du mich für dein Leben und dein Glücklichsein wirklich brauchst, stülpst du mir eine Verantwortung über, die viel zu schwer für mich ist und der ich nicht gerecht werden kann. Es ist mir nicht möglich, dich 24 Stunden an 365 Tagen im Jahr glücklich zu machen. Wo bleibe ich dann? Wenn du mich brauchst, um glücklich zu sein, nimmst du mir damit die Luft zum Atmen. Du nimmst mir auch den Raum, mich frei bewegen zu können und verschiedene Richtungen auszuprobieren. Denn ich müsste immer darauf achten, dass es dir bei allem, was ich tue, gut geht und dass ich mich nie zu weit von dir entferne. Du würdest mich in deine Erwartungen und Vorstellungen einsperren, wenn dein Leben und dein Zufriedensein von mir abhängig sind. Wie soll ich mich umsehen, träumen und meinen Weg, der mich glücklich macht, gehen können, wenn du mich festhältst? Ich möchte nicht, dass du unglücklich bist, nur weil ich vielleicht einmal nicht nach deinen Plänen funktioniere.

Bitte brauch mich nicht! Wenn du es schaffst, Glück nicht auf einen bestimmten Menschen zu reduzieren, wenn du deine eigenen Träume träumen und deine Entscheidungen auch ohne meine Anwesenheit treffen kannst, dann erst lässt du mir die Chance, mich selber zu leben und dabei dich zu lieben. Denn, wenn du in dir selber, und nicht in Abhängigkeit zu mir, dein Zuhause, das dich glücklich macht, gefunden hast, werde ich nur noch der Vorgarten dazu sein. Dann bin ich für dich der Ort, an dem du dich ausruhen, lachen, weinen und reden kannst. Ich werde der Platz sein, der dich auffängt, wenn du stolperst und der dich in Ruhe schlafen lässt, wenn du müde bist. Und wenn du keinen Zaun um mich herum baust, können sich trotzdem auch meine Wurzeln und Blüten in alle Richtungen ausbreiten und dich immer wieder umarmen, wenn du in mich eintauchst.

Dann, wenn du dich bei mir einfach nur wohl fühlst, wenn du gerne bei mir bist, weil du es möchtest und nicht, weil du mich brauchst, wenn du aus meiner wildwachsenden Wiese in diesem Garten keinen englischer Rasen trimmst, sondern mich lächelnd sehen und genießen kannst, so wie ich bin, wirst auch du mich mit Respekt und Liebe behandeln und nicht mehr mit deinen Erwartungen an mich quälen. Dann wirst du ganz von selbst, ohne dass ich dich brauche oder es von dir erwarte, ein wenig Wasser auf die Blumen dieses Vorgartens gießen, wenn eine Zeit lang Trockenheit herrscht und meine Blüten anlächeln, selbst wenn sie nach einem Sturm ein Weilchen hängen.

Erst wenn dein Selbstwert und dein ganz individuelles Glück nicht mehr in meiner Verantwortung liegen, kannst du der Mensch sein, dem ich beim Einschlafen ganz nah bin und der meine Hand hält...

... ohne sie festzuhalten.

Wenn Man(n) nicht funktioniert

Ich mache mir Gedanken um die Männer. Männer, die irrsinnigerweise davon überzeugt sind, sie hätten diese Bezeichnung womöglich nicht mehr verdient. Männer, die so wertvoll sind, aber uns Frauen trotzdem verloren gehen.

Ich habe sie gesehen. Sie sind allerdings schwer zu finden, weil sie sich verstecken. Diese Männer hocken in dunklen schwarzen Höhlen, gebettet auf schlimmen Ereignissen, schlechten Erfahrungen und erschreckenden Begebenheiten, die sie aus dem routinierten Alltag gerissen und zu Boden gestreckt haben. Diese Männer sind zwar wieder aufgestanden, aber sie haben Blessuren davongetragen, die nicht mehr zu übersehen sind und bleiben werden. In diesen Höhlen stecken Männer, die glauben, dass ihr Dasein als Mann nun nicht mehr wahrgenommen wird. Denn sie funktionieren, nach dem, was ihnen passiert ist, nicht mehr so, wie es ihnen beigebracht wurde.

Aber ich frage euch, wer hat euch Männern all den Mist erzählt, wie ein Mann zu sein hat? Wer hat euch das Märchen vom allzeit gesunden, funktionierenden und starken Mann aufgetischt? Eure Großväter, eure Väter? Oder waren es eure Großmütter, Mütter und Frauen, die ihre eigenen Erwartungen auf euch projiziert haben? Ich weiß, sie haben euch verdammt gut konditioniert. Allerdings haben sie euch nicht gesagt, wir ihr damit umgehen sollt, wenn euer von ihnen auferlegte Lebensplan vom Leben selbst durchkreuzt wird, nicht wahr? Und nun sind da diese Gefühle, wie Scham, Angst, Verzweiflung, Minderwertigkeit und ich denke, ganz viel Traurigkeit.

Ich habe dich, einen dieser Männer, kurz aus der Dunkelheit aufblitzen sehen. Dich, der schon eine Weile irgendwie in meiner Nähe war, den ich aber in seiner Höhle nicht erkennen konnte. Ich stehe vor dir, vor deinem schwarzen Versteck, und bitte dich, ein Stück ins Licht zu kommen. Ich möchte dich sehen können, mit all den noch offenen und vernarbten Wunden. Doch du traust dich nicht wirklich heraus. Nur ein paar Umrisse konnte ich bisher von dir erkennen. Ich habe deinen großartigen Gedanken gelauscht und dabei dein wunderschönes Herz gespürt. Du sagst, dass es in dieser Höhle zwar bequem ist, aber dass es nicht der Ort ist, an dem du Nähe fühlen und Wärme empfangen kannst. Aber genau danach sehnst du dich. Ich möchte nicht in dieses schwarze kalte Loch zu dir kriechen. Also komm mir bitte ein Stück entgegen. Wovor hast du Angst? Enttäuscht zu werden oder selbst jemanden zu enttäuschen? Wie willst du herausfinden, ob überhaupt etwas davon eintritt, wenn du es nicht ausprobierst?

Wisst ihr was, ihr Männer in euren Verstecken? Hier draußen sind Frauen wie ich, denen es vollkommen egal ist, ob ihr tadellos funktioniert. Sie wollen eure

Seele berühren und nicht einen durchtrainierten, gesunden Körper nur anfassen. Sie wollen die Wärme eurer Nähe fühlen und keine kalten Ledersitze im irre teuren Auto. Sie wollen auf einer Wiese mit euch lachend das Kitzeln der Sonne im Gesicht genießen, statt overdressed auf Partys zu flanieren. Sie wollen auch nächtelang ihre Gedanken mit euch teilen und nicht in alltäglichem Smalltalk verstummen. Sie erwarten nicht, dass ihr für sie funktioniert.

Ja, vielleicht ist es nicht ganz so einfach mit euch und ihr seid etwas anders. Das mag sein. Aber diese Frauen wollen auch kein EINFACH mehr, weil sie selber nicht mehr einfach sind. Denn sie saßen schon in ähnlichen Verstecken wie ihr. Wer sollte euch und wer sollte sie besser sehen und verstehen, als ihr euch gegenseitig? Hört auf zu glauben, dass ihr Liebe nicht mehr verdient hättet. Das habt ihr mit Sicherheit. Doch sie kommt nicht zu euch in die dunkle Kälte. Dort erfriert sie. Deshalb müsst ihr der Liebe mutig ein Stück entgegengehen und sie nicht aus Angst wieder wegschicken, wenn sie vor euch steht.

Und du, der mir erzählt hat, dass er sich als Last für andere sieht, obwohl er so gerne wieder vertrauen, sich einfach fallen lassen und trotz seiner Geschichte wieder ehrlicher Liebe begegnen möchte... Du, der mich bereits seine Umrisse erkennen lassen hat... dreh deine Musik, die dich von allem abschottet und deren Bass dich dieses Leben intensiv fühlen lässt, bitte für nur einen Moment leiser, damit du hören kannst, wenn mein Herz ganz leise flüstert, dass du es berührt hast, weil du wundervoll bist und du diese Nähe, Wärme und Liebe, die du dir so sehr wünschst, verdient hast...

... selbst, wenn du nicht mehr ganz ruckel- und fehlerfrei funktionierst.

Ich will dir noch was sagen, Oma!

Ich fürchtete mich so sehr vor diesem Tag, obwohl ich wusste, dass er kommen wird. Es war verrückt, mir zu wünschen, dass du mein ganzes Leben lang, bei mir bleiben wirst. Das konntest du gar nicht. Und nun bist du tatsächlich dorthin gegangen, wohin ich dir noch nicht folgen kann und will. Ohne ein Lebewohl, ohne eine letzte Umarmung und ohne ein „Bis bald." Da war nur ein Anruf mit der Nachricht, dass du eingeschlafen bist.

In letzter Zeit war ich sehr krank, Oma. Ich hatte überall furchtbare Schmerzen und konnte kaum noch laufen. Die Ärzte haben nichts gefunden. Habe ich vielleicht gespürt, dass du gehen wirst? Kann man fühlen, wenn ein geliebter Mensch sich auf seinen letzten Weg begibt? Ich glaube, dass es so etwas gibt, denn seit du deine Augen vor zwei Tagen geschlossen hast, werden die Schmerzen weniger. Ich kann mich wieder bewegen. Nur wer weiß, was uns beide verband und wie viel du mir bedeutet hast, wird das verstehen können.

Mir ist kalt ohne dich, Oma, und ich weine so viel. Du bist nicht mehr da und ich kann das noch nicht begreifen. Du warst doch schließlich immer da.

Ich habe bestimmt allerhand Unfug in meinem Leben angestellt. Aber, wenn ich dabei glücklich war, hast du dich auch gefreut. Und wenn es schief ging, hast du mir ohne Vorwürfe wieder aufgeholfen. Du hast mich als junges Mädchen aufgenommen, als ich aus einem für mich unerträglichen Elternhaus floh, du hast später meine Kinder gehütet und mir immer noch, obwohl ich schon so alt war, mein Lieblingsessen gekocht. Du hast dafür nie etwas von mir verlangt, aber ich habe versucht, dir, als du älter wurdest, so viel Hilfe und Zeit wie möglich zu schenken. Ich weiß nicht, ob das gereicht hat.

Irgendwann erwischte dich das große Vergessen. Du konntest dich immer weniger an Ereignisse oder Menschen erinnern. Jedes Mal, wenn ich die Tür zu deinem Zimmer im Pflegeheim öffnete, betrat meine Angst, dass du mich nicht mehr erkennst, mit mir den Raum. Aber vor einigen Wochen stand plötzlich dieses alte Foto von mir auf deinem Nachtschränkchen. Es war nicht schick gerahmt, so wie all die anderen Fotos, die man für dich im Zimmer platziert hatte, sondern nur ein Stück Papier mit meinem Bild. Auf meine Frage, wie es dorthin kommt, strahltest du mich so stolz an und sagtest: „Das habe ich herausgesucht und dorthin gestellt, damit ich dich immer ansehen kann." Ich war so gerührt davon, dass du mich nicht vergessen wolltest. Aber Oma, du brauchtest eigentlich gar kein Foto, denn du hast mich immer gesehen. Anderen Menschen konnte ich vielleicht etwas vorspielen, dir nie. Du hast immer gefühlt, wie es mir ging, egal, was ich gelogen habe, nur um dir keine Sorgen zu bereiten.

Weißt du, wie ich dich still für mich nannte? Du warst my Angel without Memory.

Du fandest nicht mehr die richtigen Worte und es war manchmal schwer, zu verstehen, was du mir sagen wolltest. Doch es war egal. Wir haben trotzdem zusammen gelacht und ich habe dir weiterhin alles erzählt, was in meinem Leben passierte. Gefühlte einhundert Mal haben wir die selben Fotos angeschaut, weil sie für dich immer wieder neu waren. Wir haben auch ganz laut deine Lieblingsschlager gehört und dazu geschunkelt. Bei schönem Wetter saßen wir in dem kleinen Park hinter dem Heim und haben zusammen die wunderschönen Wolken am Himmel beobachtet. Und bei all dem hast du immer meine Hand gesucht und sie dann so fest gehalten, dass ich mir sicher war, du würdest sie niemals loslassen.

Du wolltest mir immer irgendetwas schenken, wenn ich ging und es machte dich traurig, dass du das nun nicht mehr konntest. Hey Oma, ich wollte nichts von dir, denn du hattest mir doch schon alles von dir gegeben. Und damit war ich so wahnsinnig reich. Ich hab Unmengen an Zeit, Liebe, Umarmungen und Trost von dir bekommen und dafür bin ich dir so unendlich dankbar.

Oma, ich habe dir nie gesagt, das du mein Zuhause warst. Du warst der Ort, an den ich immer zurückkehren konnte, wenn alles um mich herum zusammenbrach oder ich mich komplett verlaufen hatte. Du warst der Mensch, der mich immer so geliebt hat, wie ich war, selbst dann, wenn ich mich selbst nicht mehr leiden konnte.

Man sagt, wenn ein neuer Mensch geboren wird, stirbt ein anderer. Bist du gegangen, weil in einigen Tagen deine Ururenkelin geboren wird? Das hättest du nicht tun müssen. Hier wäre doch für euch beide genug Platz gewesen. Oder dachtest du etwa, dass ich nun keine Oma mehr brauche, weil ich selber eine werde? Dann hast du verkehrt gedacht.

Ich frage mich heute, ob ich dich bei meinem letzten Besuch doll genug gedrückt und geküsst habe. Ich hoffe so sehr, dass du immer gemerkt hast, dass ich dich liebe. Und ich wünsche mir so sehr, dass du jetzt, dort wo du ankommst, gut aufgehoben bist. Ich bin mir ziemlich sicher, dass der Opa schon lange auf dich wartet. Sag ihm doch, er soll schon mal anfangen, eine neue Schaukel zu bauen. Vielleicht etwas größer, als die in eurem Garten damals, denn ich bin ja schließlich gewachsen. Er kann sich dabei ruhig Zeit lassen, denn ich möchte noch eine Weile hier bleiben. Aber irgendwann werde ich mit dir, Oma, darauf zusammen sitzen und dann schauen wir nicht mehr hinauf zu den Wolken, sondern auf sie herab.

Du hast vor kurzem zu mir gesagt, dass du es immer so schön fandest, wenn ich fröhlich war und ich solle bloß nicht zu oft traurig sein, wegen der Menschen, die mich nicht zu schätzen wissen, denn sie wären einfach nur „blöd".

Ich verspreche dir, Oma, dass ich bald wieder lache und nicht mehr wegen des Todes, der dich ungefragt mitgenommen hat, so viel weine...

... denn der ist auch einfach nur verdammt blöd.

Angesparte Liebe und verzinste Zeit

Vergangenen Samstag war wieder Familientreffen. Alle ein bis zwei Monate sitzen mehrere Generationen zusammen, um einen schönen Tag oder Abend miteinander zu verbringen. Auch diesmal freute ich mich darauf, meine Tante, meine Kinder, Geschwister, Cousin, Cousine, Neffe, Nichte, mittlerweile auch Großneffen... alle mit Partner oder ohne, zu treffen. Aber dieser Abend endete für mich mit einem bitteren Nachgeschmack.

Zurzeit hat die Familie scheinbar Spaß daran, mich immer wieder auf mein baldiges Oma-Werden anzusprechen. Über all meine zukünftigen Pflichten wurde ich ja in den letzten Monaten zu Genüge belehrt. Am Samstag kam eine weitere dieser sogenannten Oma-Pflichten dazu. Das Sparbuch! Eine gute Oma richte mit Geburt des Kindes sofort ein Sparbuch für dieses ein, auf welches sie monatlich ihren Beitrag für die Zukunft dieses neuen Lebens leistet. Aha! Das tut also eine gute Oma? Ich fragte in die Runde, weshalb ich denn einem Kleinkind regelmäßig Geld schenken sollte. Man erklärte mir, wie wichtig es sei, dass das Kind dann zu seinem 18. Geburtstag genug Geld für eine erste Wohnung, ein erstes Auto oder ein angehendes Studium hätte. Außerdem wäre so ein Sparbuch ideal, damit das Kind sein Geld, welches die Familie ihm zu Geburts- und Feiertagen schenkt, anlegen kann. Geld! Sie rechneten sogar die Summe aus, die meiner Enkeltochter dann bei Volljährigkeit zur Verfügung stehen würde, selbst, wenn ich nur minimale Beträge einzahle. Ich war erschrocken und wehrte mich zunächst noch vehement gegen diese Argumente.

Hatte eigentlich jemand gehört, dass ich ein paar Minuten vorher sagte, wie sehr ich mich darauf freue, mit der Kleinen später draußen unterwegs zu sein? Hatte jemand verstanden, dass ich lieber mit meinem Enkelkind barfuß durch Gras laufen, die Sonne zwischen wippenden Baumkronen zwinkern sehen oder mit den Füßen am Ufer des Sees durchs Wasser stapfen möchte, statt nur monatlich eine Überweisung zu tätigen? Nein! Denn ich sprach von Zeit und Leben, sie aber von Geld und Kaufen. Und während die Anderen redeten, wurde ich irgendwann einfach nur still.

In die diskutierende Runde schauend, fragte ich mich: Wann genügen wir endlich einander? Wann genüge ich jemandem? War und bin ich überhaupt für einen anderen Menschen genug? Gab oder gibt es Jene in meinem Leben, denen es ausreicht(e), dass ich einfach nur ich bin? Ich weiß es nicht. Letztendlich sollte es mir wohl auch egal sein. Denn schließlich bin ich nicht hier, um irgendwem zu genügen. Es ist nicht meine Pflicht, ständig dem Druck der Erwartungen Anderer nachzugeben.

Auf keinen Fall bin ich eine Marionette, die nur dann gut genug ist, wenn sie sich nach dem Willen anderer bewegt. Ich bin hier, um mir selbst genug zu sein und mich bei dem, was ich geben kann, gut zu fühlen. Nur dann ist das, was ich verschenke, auch ehrlich.

Wem aber ein offenes Herz, gemeinsame Zeit, ein stilles Zuhören, liebevolles An- und Hinsehen nicht genügen, nur weil es kein €-Zeichen trägt, dem wird wahrscheinlich nie etwas genug sein. Jedoch bin ich für diese Unzufriedenheit nicht verantwortlich. Das ist niemand.

Allerdings fragte ich mich am Ende dieses Abends doch noch, ob meine Enkeltochter sich freuen würde, wenn sie mit 18 Jahren ein volles Sparbuch in der Hand hält und im Verwendungszweck der letzten Überweisung dann steht:

„Unsere verpasste gemeinsame Zeit, unsere fehlenden Umarmungen und unser versäumtes Lachen sind hiermit bezahlt."

Dieses verdammte Alleinsein

Da stehst du nun und schaust mich mit leerem Blick an. Ich weiß, dass du traurig bist. Es sind diese Tage, an denen sie da draußen von Liebe und Besinnlichkeit reden und du fragst dich, ob sie, die dann alle zusammen sitzen, sich wirklich so lieb haben und sich auf ihre Familien und Freunde besinnen.

Du hast jedem, der dich gefragt hat, gesagt, dass es dir nichts ausmacht, alleine zu sein. Du hast gelacht, wie du es immer tust, als du ihnen geantwortet hast, dass du nichts vermissen wirst. Aber ich weiß, dass du gelogen hast. Du fürchtest dich vor diesen Tagen.

Ja, du wirst die Nachmittage mit Menschen verbringen, die dich lieben und die auch du liebst. Du wirst schöne Stunden verleben. Aber ich kenne deine Angst vor den Abenden, wenn du alleine nach Hause kommst und niemand da sein wird. Keiner wird mit dir bei Kerzenlicht auf dem Sofa lümmeln, mit einem Glas Rotwein kitschige Filme gucken und einfach nur nah bei dir sein. Es wird auch niemand am Weihnachtsmorgen mit dir im Bett frühstücken und einfach mal die Zeit vergessen.

Weinst du etwa? Sehe ich da eine Träne über dein Gesicht rinnen? Warum? Glaube mir, es werden sich an diesen Tagen Viele auch allein unter Menschen fühlen. Da werden hinter diesen leuchtenden Fenstern eine

Menge Erwartungen enttäuscht und es wird Liebe geheuchelt, wo Gleichgültigkeit herrscht. Wie viele werden wohl den Wert ihrer Geschenke nur an deren Preis messen, werden zusammensitzen und oberflächliche Gespräche führen, weil sie sich sonst das Jahr über auch nichts zu sagen haben?

Vermisst du sowas etwa? Nein, denn dir passt keine dieser Masken. Du willst Ehrlichkeit und echte Wärme, willst nicht frieren in kalter Gesellschaft. Du lebst schließlich in ständiger Liebe zu diesem Leben und mit deinem ganzen Herzen für jene, die zu deinem Leben gehören, du meinst wirklich, was du sagst und du tust, was du fühlst. Immer und nicht nur an diesen Tagen.

Ja, weine, wenn du dich alleine fühlst, weine, wenn du traurig bist, denn das gehört zu dir. Aber weißt du, von Tränen verwischte Wimperntusche steht dir nicht besonders gut, deshalb wisch dir danach dein Gesicht trocken und dann lümmel dich auf dein Sofa, schau einen kitschigen Film oder lies eines deiner neuen Bücher. Koch dir einen Kakao und kuschel dich unter deine Decke. Du schaffst das schon, denn du hast das Alleinsein immer geschafft. Und auch ich schalte nun das Licht aus und lasse dich allein zurück...

... dich, meinen Spiegel im Badezimmer.

∞

Zu Weihnachten in ein Wunder verliebt

Da sitzt ihr zwei und ich finde keine Worte für das, was ich fühle, wenn ich euch anschaue. Mein kleines Mädchen hält nun ihr eigenes kleines Mädchen im Arm. Ich bin so wahnsinnig berührt von diesem Anblick, denn du kleines Wunder hast meine Tochter an diesem frühen, dunklen und verregneten Dezembermorgen zur Mutter, den Mann an ihrer Seite zum Vater und mich zur Großmutter gemacht.

Die Vorfreude und Ungeduld deiner Eltern war in den letzten Tagen vor deiner Geburt kaum auszuhalten. Und auch ich war schon voller Neugier auf dich. Nun bist du endlich hier, so winzig, dass ich mit nur einem Finger dein zartes Gesichtchen streicheln kann. Ich habe sogar ein wenig Sorge, deine zierliche kleine Hand zu zerbrechen, wenn ich sie berühre. Als ich dich noch im Kreißsaal auf dem Arm hielt und dich anschaute, hieß ich dich still willkommen, wobei sich wortlos in meinem Kopf und meinem Herzen so viele Wünsche für dich überschlugen.

Dieses Leben ist bunt, aufregend und schön, kleine Maus, und ich wünsche dir, dass man dir genügend Zeit gibt, all das intensiv zu erleben. Ich hoffe so sehr, dass man dich die Wärme eines alten Baumes, das Kitzeln des Windes, die Strahlen der Sonne und die Kraft der Wellen im Meer spüren und wahrnehmen lässt. Dabei wirst du leider auch sehen müssen, was die Spezies Mensch angerichtet hat. Ja, wir haben diese großartige Natur ausgequetscht. Ihre stummen Schreie hat unser überheblicher Egoismus einfach ignoriert, gerade so, als ob wir uns jederzeit eine neue kaufen könnten. Obwohl die Natur bereits begonnen hat, sich zu rächen, macht der Mensch unbeeindruckt weiter wie bisher. Ich weiß noch nicht, wie ich dir diesen Irrsinn eines Tages erklären soll, aber es tut mir schon heute unglaublich leid, dass du, dass deine Generation unser Vergehen aushalten oder wiedergutmachen muss.

Deine Eltern haben sich ganz fest vorgenommen, dir zu zeigen, dass dein Glück nicht im Regal eines Kaufhauses liegt. Aber ich weiß auch, dass dieses Vorhaben sehr schwer umzusetzen sein wird. In dieser lauten, hetzenden und stetig konkurrierenden Gesellschaft wird sich ständig verglichen. Du musst haben, was andere haben, du musst tun, was andere auch tun und du musst sein, wie andere sind, sonst wirst du sehr schnell nicht mehr dazugehören. Die Menschen um dich herum werden dir ihr eigenes Programm aufspielen, damit du einwandfrei und zu ihrer Zufriedenheit funktionierst und auch konsumierst. Dafür werden sie dich konditionieren, formen, dich zurechtbiegen und beeinflussen. Ich habe etwas Angst um dich. Aber dennoch bin ich mir sicher, dass deine Mama und dein Papa dir mit aller Kraft auch andere, nämlich ihre, unsere Werte vermitteln werden. Und wenn sie in diesem Lärm da draußen einmal straucheln, werde ich da sein, um sie zu erinnern und dir für einen Moment deine vielleicht teuren Markenschuhe auszuziehen, damit du barfuß das kühle Gras an den Füßchen fühlen und schätzen lernen kannst. Ohje, ich habe verlernt, wie man aus wild wachsenden Blumen Kränze flechtet, aber ich verspreche dir, dass ich es mir so schnell wie möglich wieder zeigen lassen werde, damit wir uns mit Kronen aus Blüten im Sommer schmücken können.

Unzählige Menschen werden dein Leben kreuzen, meine Kleine. Nicht jeder davon wird dich lieben. Man wird dich einige Male belügen, enttäuschen, hintergehen, verlassen und verletzen. Aber ich wünsche dir, dass du trotzdem immer offen, voller Vertrauen, Empathie und Liebe bleibst. Denn nur dann kannst du Jene erkennen, deren Herzen und Seelen wunderschön strahlen, egal wie unscheinbar sie dir am Anfang einer Begegnung erscheinen mögen. Glaube mir, durch solche Menschen wirst du aufrichtige Freundschaft und ehrliche Liebe erfahren dürfen. Sie werden dein Leben enorm bereichern, ganz gleich, ob sie nur kurz oder etwas länger darin verweilen. Ich bin mir sicher, dass du tiefe Dankbarkeit empfinden wirst, wenn du auf solche Juwelen triffst.

Hey kleine Maus, ich will ehrlich zu dir sein. Lange habe ich mich dagegen gewehrt, Oma genannt zu werden. Aber dann, eine Woche vor deiner Geburt, musste ich meine eigene Oma, deine Ururgroßmutter, auf ihrem letzten Weg begleiten. Der Abschied tat so weh und als ich ihr weinend das letzte Mal Blumen in das offene Grab warf, erinnerte ich mich daran, wie wertvoll und wichtig sie mein ganzes Leben für mich gewesen ist. Ihre Liebe war bedingungslos und sie stand bis zum letzten Tag ihres Lebens immer zu mir. Ich liebte sie und sie fehlt mir jeden Tag so sehr. Aber nun hab ich mich in dich verliebt. Deshalb lass mich ab sofort für dich so eine Großmutter sein, wie es meine ein Leben lang für mich war.

Du kleines Mädchen meines kleinen Mädchens wurdest so kurz vor dem Heiligabend geboren, dass du unser aller Weihnachtswunder bist, dieses winzige Wunder, welches atmet, schon unbewusst lächelt und uns mit großen Augen neugierig anschaut. Du bist ein so wertvolles Geschenk, welches unbedingt beschützt, behütet, begleitet, geschätzt und geliebt werden muss. Deshalb, meine kleine Maus, sei herzlich willkommen auf dieser schönen Erde, willkommen in dieser verrückten Welt und willkommen auch hier...

... auf Omas Arm.

∞

Wenn Lust und Liebe nicht aufeinander treffen

Dein nackter Körper liegt ganz nah an seinem. Es knistert zwischen seiner und deiner Haut. Du fühlst seine Hände auf dir und er kann ebenso deine spüren. Er gelangt ganz vorsichtig in jene Regionen, die dich zucken und deinen Körper ganz leicht vibrieren lassen. Du lässt es zu und lauschst dabei seinem Atem, während er auch deine Hände gewähren lässt. Du weißt, wo das jetzt hinführen wird und du wehrst dich nicht dagegen. Du lässt es geschehen.

Aber du zweifelst und schämst dich, weil dein Verstand dich so irre laut anschreit und daran erinnert, dass das, was du hier tust, nicht richtig sei. Du schließt die Augen, um nicht zu sehen und du presst die Lippen zusammen, um diese Gedanken nicht vor ihm auszusprechen, nicht jetzt. Denn deine geschlossenen Augen sehen jemand Anderen, dein Körper fühlt nicht diese, sondern andere Hände, die dich so sanft dort streicheln, wo du zu explodieren drohst. Und ja, du weißt genau, dass auch seine geschlossenen Augen eine Andere sehen, dass auch er so gerne die Hände einer anderen Frau auf sich fühlen möchte. Ihr wisst es beide voneinander.

Es werden keine gelogenen Worte geflüstert. Ihr seid still und hört nur euer Atmen, das langsam schneller wird. Du weißt, dass du morgen früh nicht neben ihm aufwachen wirst. Es wird auch keine verliebten Blicke am Frühstückstisch geben, weil er nachher – danach – geht. Und das ist gut so. Denn, was hier passiert, lässt dein Herz nicht brennen, es berührt dich nicht so tief, wie es eigentlich sein sollte und deine Seele schluchzt ganz leise dabei vor Sehnsucht nach diesem Anderen, egal, wie sehr dein Körper dieses Geschehen im Augenblick genießt.

Du weißt, dass er, der jetzt so nah bei dir liegt, auch nicht wirklich bei dir ist. Und du ahnst, dass seine Gedanken und Vorstellungen in dieser Situation deinen sehr ähneln. Es sind nur eure Körper, die sich einfach dem hingeben, was sich gerade gut anfühlt, aber nicht eure Gedanken, nicht eure Gefühle und auch nicht eure Liebe. Die habt ihr beide woanders geparkt. Aber ihr seid so verdammt fair zueinander, weil ihr dem, der euch gerade jetzt gut tut, nichts vormacht. Es gibt keine falschen Spielchen oder Versprechungen und damit auch keine späteren Enttäuschungen. Ihr seid zwei Sehnende, zwei Vermissende, die so tief und ehrlich lieben... nur nicht sich gegenseitig.

Die Welt dort draußen würde nicht verstehen, dass sich hier lediglich zwei Körper berühren. Sie meint, dass dazu immer diese hochgepriesene und für uns wunderschön mit Romantik bunt ausgemalte Liebe gehört. Anders wäre es nur eine schmutzige und billige Bettgeschichte. Das ist aber nicht wahr! Man kann jemanden so wahnsinnig und aufrichtig lieben, ohne ihn zu berühren und man kann ebenso diese natürliche Lust für einen Moment respektvoll mit jemandem ausleben, ohne sich der uns gelehrten Liebe verpflichtet zu fühlen. In beiden Fällen kommt es nur auf die Ehrlichkeit an. Dann ist keines davon ein Grund, sich schämend dafür zu verstecken.

Hab kein schlechtes Gewissen. Lass deinen Körper seine Natürlichkeit und damit diese Lust spüren und sich dem hingeben. Letztendlich sind ohnehin Jene, die sich darüber empören und echauffieren, die Selben, die jahrelang in angeblich perfekten Partnerschaften genau das leben, was du hier klar trennend geschehen lässt.

Dass es das Größte und Kostbarste ist, wenn Körper und Herz gemeinsam brennen und beben, wenn Gefühl und Nähe zusammen verschmelzen, weißt und vermisst natürlich auch du...

... wenn du später allein in deinem Bett einschlafen wirst.

Auszeit

Ein ganz normaler Tag, irgendwo in der Innenstadt. Das Leben tobt, lärmt, an diesem Platz, wo das Leben sie alle zusammenbringt, umzäunt von Einkaufspassagen und -centern. Es ist so wahnsinnig laut und ich fühle Eile, Stress, Ungeduld. Ich höre Musik, woher auch immer sie kommt.

Plötzlich wird es still. Jemand hat den Ton stumm geschaltet. Keine Stimmen, keine Geräusche, nur diese Musik. Alles ist noch da, nur ich bin nicht mehr mittendrin. Ich stehe und schaue. Jemand berührt mich beim Vorbeihetzen, aber ich nehme ihn nicht wahr.

Da läuft ein Film, ein Stummfilm mit mir als einzigen Zuschauer. Nun kann ich sehen, woher die Musik kommt. Ein Mann, Ende Vierzig, steht dort vor dem großen Schaufenster in bunter Kleidung und spielt mit seinem Saxophon „Killing me softly", so schön, so laut. Es ist das Einzige, was ich höre. Ihm gegenüber, auf der anderen Seite der Einkaufsstraße, sitzt ein älterer Herr mit seinen beiden weißen Schäferhunden. Er bettelt, wie makaber... vor einem Geldinstitut. Es scheint, als würde der Saxophonspieler für ihn spielen.

Die Menschen laufen vorbei. Sie haben Pläne, Ziele, die sie jetzt umsetzen müssen. Kaum Lächeln, leere Blicke. Sie gehen nebeneinander, ihre Münder bewegen sich, also reden sie wohl, aber ohne sich dabei anzusehen. Ich glaube sie reden, ohne sich etwas zu sagen zu haben. Niemand schaut dabei auf den Saxophonspieler, niemand auf den Bettler. Kinder jammernd an den Händen der Eltern.

Und dann bleibt doch ein Mann bei dem Bettler stehen, legt ihm Geld in die Schachtel und spricht. Ich kann nichts hören, aber ich weiß, dass er fragt, ob er die Hunde streicheln darf. Der Bettler nickt und der fremde Mann beugt sich hinunter und streichelt diese schneeweißen Hunde, die wie Kerzen ihr Licht in das Grau drumherum ausstrahlen. Lange streichelt er die Tiere und ich darf lächelnd zuschauen. Da ist für einen Moment Liebe, Verständnis und Unvoreingenommenheit.

Außer dem Saxophon ist da nichts, nur Stille, Ruhe, Frieden in diesem Stummfilm, welcher lediglich vom „Killing me softly" begleitet wird. Die Musik strömt durch meinen ganzen Körper. Der Klang und die Melodie lassen mich so wahnsinnig viel Wärme spüren während des Betrachtens dieses kalten Schwarz-Weiß-Films. Ich scheine zu glühen und möchte so gerne die Wärme teilen, denn ich sehe den Film nicht... ich fühle ihn.

Dann schaue ich mich um in diesem Kinosaal und frage mich, ob ich die einzige Zuschauerin bin. Obwohl mein Mund zubleibt, schreie ich da raus: „Bleibt stehen, einen Moment und schaut auf diese Leinwand. Seht die Liebe zur Musik auf der einen und die Verzweiflung auf der andern Seite dieser Straße. Nehmt die Ruhe der weißen Riesen dort auf der Decke wahr und dann seht euch bitte selber zu!" Aber ich bin allein, niemand ist da, der das Selbe sieht oder fühlt. Das macht mich traurig.

Und dann ist der Film zu Ende, genauso aprupt wie er begann. Der Tontechniker hat die Lautstärke wieder hochgedreht. Stimmen, Kinderschreien, die Durchsage der Straßenbahnen, das Geräusch sich öffnender Bustüren, das Rascheln voller Einkaufstüten.

Ich spiele wieder mit, bin wieder mittendrin. Aber ich bin still. Noch einmal auf die strahlend weißen Hunde schauend, dem Saxophonspieler zulächelnd, drehe ich mich um und gehe... raus aus dieser Szene, beleitet vom immer leiser werdenden „Strumming my pain with his fingers, singing my life with his words..."

Lieb dich endlich selbst!

Wir haben uns ein wenig unterhalten. Du hast von dir berichtet und dann habe auch ich von mir erzählt. Nach meinem aktuellen Sachstandsbericht wirfst du ungefragt deine Beobachtung in den Raum. Deine Diagnose lautet: Fehlende Selbstliebe! Ein wenig muss ich darüber schmunzeln und mich fragen, wie du darauf kommst. Ich sollte dir meine vorhandene Selbstliebe erklären, damit auch du sie sehen kannst.

Vielleicht hast du recht und ich sollte mir hin und wieder mal etwas Gesundes und Nahrhaftes kochen. Das vernachlässige ich gewaltig. Es bedeutet jedoch nicht, dass ich meinen Körper oder mich nicht ausreichend liebe, dass ich mir egal bin. Nur, das ewige Einkaufen, Vorbereiten, Schnippeln, Kochen und Braten macht für mich wenig Sinn, weil ich danach nur mit der Küchenwand als Gegenüber allein am Tisch sitze. Und die viele Zeit, um den Ort des Geschehens danach wieder zu bereinigen, ist mir aus demselben Grund zu schade. Es ist meine Art von Selbstliebe, wenn ich mir ein gekochtes Ei, ein Wiener Würstchen, ein Käsebrot mit einer Tomate oder was der Kühlschrank spontan noch so hergibt, nach der Arbeit schnappe und mein Abendessen total unkompliziert an diesen herrlichen Sommerabenden draußen am See auf meiner Picknickdecke zu mir nehme... Mit Wind, Sonne und Wasser; vor mir schnatternde Enten und über mir die fliegenden Wildgänse.

Du sagst auch, ich würde mich nicht genug selbst lieben, weil ich mich sehr gerne bei neuen Begegnungen hinter meinem gottlosen Mundwerk verstecke. Derber Humor und Sarkasmus würden andere Menschen verschrecken. Wenn ich mich lieben würde, hätte ich so ein Schauspiel nicht nötig. Das ist Quatsch! Ich liebe mich mit meinen Humor und kann sogar am meisten über mich selber lachen, weil ich mich nicht so ernst nehme. Wenn ich aber merke, dass ein anderer Mensch damit ein Problem hat, nur, weil er sich selbst für so ungemein wichtig hält, dass Humor auf der Strecke bleibt und sein Leben ein total ernstes Dilemma ist, passt er eben nicht in mein Leben. Und warum sollte ich dann Nähe zulassen, die irgendwann irgendjemandem weh tun könnte? Ich schütze mich selbst, weil ich mich liebe. Und wer mich aushält, in meiner Nähe bleibt und nicht nur an sich, sondern auch an mir interessiert ist, wird dann beizeiten das von mir zu sehen bekommen, was nicht sofort an der Oberfläche zu finden ist.

Fehlende Selbstliebe erkennst du, so wie du sagst, ganz deutlich auch darin, dass ich im World Wide Web über mein Leben schreibe und mir darüber Aufmerksamkeit hole, die ich mir selber nicht geben könne. Ich schreibe nicht über MEIN Leben. Ich schreibe über DAS Leben. Allerdings so, wie ich es erfahre. Weißt du, bei jedem Wort, das ich in die Tastatur tippe, gehe ich mit mir sehr aufmerksam und liebevoll um. Ich lasse mich dabei nicht von äußeren Umständen ablenken, sondern drücke mich, mein Fühlen, mein Empfinden und Wahrnehmen ziemlich ehrlich aus... meine Freude, mein Staunen, meine Traurigkeit... Alles das liebe ich nämlich an mir, es gehört eben zu mir. Und ich denke, dass ich genau das, was ich Verrücktes mit diesem Leben (er)lebe, ruhig mit anderen Menschen teilen kann. Menschen, die genauso fühlen, die mich verstehen können und die mir mit ihren Reaktionen so großartiges Feedback geben. Ich liebe das Schreiben und somit auch die, die da schreibt.

Zum Schluss reden wir über Herzensangelegenheiten. Für dich ist es eindeutig, dass ich mich nicht selbst ausreichend liebe, weil ich meine Liebe dorthin verschenke, wo sie deiner Meinung nach nicht gewollt ist. Ja, jemand hat mich erst fest umarmt und dann von einem Moment auf den anderen ohne ein Wort weggestoßen und stehen gelassen. Dass ich nach so langer Zeit hin und wieder doch noch weine, immer noch vermisse und auch noch so doll liebe, ist für dich ein Zeichen für mangelnde Selbstliebe. Denn sonst müsse ich keinen Gedanken mehr an diesem Menschen verschwenden und würde ihn vergessen. Was denkst du eigentlich, wenn ich dir erzähle, dass ich machmal ein Hochzeitskleid aus dem Schrank hole und anziehe, um dann wie eine Braut prinzessinnenlike zu wunderschöner Musik durch die Wohnung zu tanzen und danach (ich gebe zu, weniger schick) damit auf dem Balkon, ungesehen in der dunklen Nacht, eine Zigarette

zu rauchen? Was, wenn ich dabei lächelnd und trotz-
dem mit Tränchen so gerne daran zurückdenke, wie
wir lachend unsere total irre und vollkommen unkon-
ventionelle Hochzeit geplant hatten? Findest du das
verrückt? Hey, das ist meine Selbstliebe, mein Freund.
Ich liebe mich dafür, dass ich noch träumen kann,
dass ich gerne daran zurückdenke, dass ich den Mut
habe, mit mir und den Erinnerungen zu spielen, auch
dass kein Ereignis mir diese großartige Erfahrung
nehmen kann. Ich liebe die Schmetterlinge, die immer
noch in meinem Bauch wild herumflattern, weil sie
mich auch heute noch mit sich fliegen lassen, selbst,
wenn dieses Fliegen manchmal weh tut. Ich liebe mich
für meine anhaltende Loyalität und meine Liebe, die
einfach in mir geblieben ist, egal, was du dazu behaup-
test oder irgendwer schlecht redet. Ich bin diese Liebe
und die liebt auch sich selbst genug, um so ein Gefühl
aushalten zu können.

Es gibt für meine Selbstliebe keine Definition oder An-
leitung. Keine allmorgendliche Affirmation kann mir
suggerieren, wie Selbstliebe zu funktionieren hat, auch
nicht deine festgefahrene Ansicht davon. Ich denke,
jeder, der isst, worauf er gerade Lust hat, jeder, der
von sich zeigt, was er zeigen möchte, jeder, der tut,
was sich für ihn gerade gut anfühlt und auch jeder, der
liebt, wie es für ihn richtig scheint, lebt in Selbstliebe.
Wer sich mit seinem Lachen, Weinen, Nachdenken
und vielleicht auch seinen Sinnlosig- und Unwichtig-

keiten wohl fühlt und damit authentisch ist, kann sich nur selbst lieben.

Geh dorthin, wo Menschen Dinge tun, die sie eigentlich nicht tun wollen. Schau dahin, wo Menschen sich verbiegen und verstellen, um Anderen zu gefallen, dabei jedoch chronisch unzufrieden sind und sich in ständigem Selbstmitleid auflösen. Predige dort von deiner Selbstliebe, wo man sein wirkliches Sein nicht mehr lebt, weil man es nicht liebt. Aber mich verschone davon, denn ich liebe mich selbst genug für alles, was mich ausmacht. Ich bin die, die liebt...

... sowohl meine eigene Unperfektheit, das mich ständig überrumpelnde Leben und auch diese großartige Liebe an sich.

Du hast sie geschlagen!

Wie fühlst du dich heute? Bist du zufrieden nach der letzten Nacht? Wie geht es einem Mann, wenn er zugeschlagen hat? Bist du heute größer? Glaubst du, deinem Mädchen nun gezeigt zu haben, wer der Chef im Haus ist? Bist du der Meinung, du hast gewonnen?

Du bist mit Gewalt in einen Raum eingebrochen, dessen Tür sie doch immer für dich offen gehalten hat, den Raum, in dem ihre Gefühle, ihr grenzenloses Vertrauen, ihre noch so junge Seele und ihre ganze Liebe wohnten. Und du hast alles in diesem Raum in nur einem Moment zerschlagen, mit deiner Wut, deinen Worten und deinen Händen. Du hast keine Rücksicht auf euren kleinen Sohn genommen, der im selben Zimmer war. Was fühlst du, wenn er sie heute fragt, ob es noch weh tut, wo der Papa gehauen hat?

Sie war wütend in dieser Nacht, sie war traurig und ja, sie wurde laut, weil du sie nicht verstehst, weil du sie nicht ernst nimmst und so oft ignorierst. Aber du warst zu schwach, du warst ohnmächtig und ihr verbal nicht mehr gewachsen. Deshalb hast du zugeschlagen. Du hast keine Stärke bewiesen, du hast versagt. Du konntest diese Frau, die ihren Emotionen freien Lauf ließ, um von dir gesehen und gehört zu werden, nicht aushalten. Du warst nicht in der Lage, mit ihr auf Augenhöhe stehen zu bleiben.

Du denkst, du hast gewonnen, weil sie so viel weint

und weil sie Angst vor dir hat. Nein, sie ist nicht schwach. Ihre Tränen werden sie endlich klar sehen lassen. Die blauen Stellen an ihrem Körper werden sie nun daran zweifeln lassen, dass Liebe so zu sein hat. Und du wirst ihre wahnsinnige Stärke dann spüren, wenn sie dir eines Tages verzeiht. Aber glaube mir, vergessen wird sie nie!

Und weißt du was? Jedes Mal, wenn einer Frau so etwas geschieht, tauchen viele andere Frauen auf, Frauen wie ich, die wissen, wie es sich anfühlt und wie weh es tut, wenn dieser stille Raum in uns mit Gewalt zerstört wird. Ja, wir werden sie an die Hand nehmen und ihr helfen, aus dieser Angst, der Leere und der Traurigkeit wieder hinaus zu finden. Wir werden ihr zeigen, dass es eine andere Liebe gibt, nämlich eine Liebe, die niemanden mit Gewalt besitzen und beherrschen will, die nicht fesselt und nicht demütigt. Eine Liebe, die sie aufblühen und sie selbst sein lässt; diese Liebe, in der ihr Frau-Sein verstanden, geschätzt, in der sie gesehen, respektiert und gehalten wird.

Du hast sie kurz in die Knie gezwungen, ihr so furchtbar weh getan, aber sie wird wieder aufstehen und dann wird jemand sie sehen, der mit seiner Liebe all die Scherben in diesem Raum tief in ihr wieder zusammenfügt und ihre Narben, die du zurückgelassen hast, verblassen lässt.

Und seine Hände wird er benutzen, um ihr wunderschönes, wieder lachendes Gesicht zu streicheln und nicht wie du, um ihren Körper und ihre zarte Seele zu verletzen.

∞

Liebe ohne Gesicht

Ich habe von dir geträumt. In jenem Traum war ich allein unterwegs, irgendwo. Ich weiß nicht mehr, wohin ich ging und was mein Ziel war. Aber mittendrin in diesem Traum spürte ich dich auf einmal neben mir. Woher du plötzlich kamst und wohin du wolltest, interessierte mich nicht. Du warst ganz dicht bei mir, so dass ich dein leises Atmen hören konnte. Ich mag es nicht, wenn fremde Menschen mir so nah sind. Bei dir war es allerdings anders. Ich schaute dich nicht an, sondern fühlte dich nur und es war vollkommen okay. Ich blieb auch nicht stehen, sondern ging weiter durch diese Nacht, diesen Traum, und du gingst mit mir. Deine warme Hand umfasste irgendwann meine kalte und ließ sie nicht mehr los. Ich drehte mich immer noch nicht zu dir um, weil ich mir so sicher war, dass ich dich bereits kenne. Neben dir fühlte ich mich so geborgen, so vertraut und so stark. Du bliebst bei mir, egal, welche Richtung ich einschlug. Dabei liefst du nicht voran oder trottetest hinter mir her. Nein, du gingst immer neben mir, auf meiner Höhe, so, als wolltest du mich lediglich begleiten, damit ich nicht allein durch diese dunkle Nacht wandle.

Als ich stehen blieb und mich dir zuwenden, dich sehen wollte, nahmst du mich in den Arm. Ich schloss die Augen und ließ es geschehen. Ja, ich war mir sicher, dass ich diese starken Arme schon einmal um meinen Körper gespürt hatte, dass ich den Takt des

Herzens, welches jetzt so nah an meiner Brust schlug, schon kannte. Du warst still, kein Wort sprachst du mit mir. Und auch ich sagte nichts zu dir. Das war auch nicht nötig. Wir verstanden uns wortlos und schienen uns überhaupt nicht fremd zu sein. Ich fühlte deinen Blick, der meinen suchte und hob endlich den Kopf, um dich anzuschauen. Aber da war nichts zu sehen, nur die verschwommene Silhouette eines Kopfes, jedoch keine Augen, kein Mund... du hattest gar kein Gesicht. Obwohl ich dich nicht erkennen konnte, erschrak ich nicht. Es war nicht wichtig für mich. Ich fühlte mich so wohl mit dir, dass ich meine Hand wieder in deine gleiten ließ, bevor wir weiter durch diese Nacht und diesen Traum schwebten... solange, bis der Wecker mich aufschreckte.

Nun trage ich seit zwei Tagen lächelnd diesen Traum mit mir herum. Er geht mir nicht mehr aus dem Kopf. Was war das? Das ist doch verrückt! Es gab dich gar nicht und trotzdem vermisse ich dich. Deine Nähe hatte scheinbar meine Seele ganz vorsichtig und zärtlich gestreichelt. Du hattest ein wenig Holz auf das nur noch glimmende Flämmchen in meinem Herzen gelegt und es damit wieder zum Lodern gebracht. Durch dein stummes Dasein gabst du mir eine Nacht lang das Gefühl, nicht allein zu sein und dass da jemand ist, der mich festhält, wenn ich im Dunkeln zu stolpern drohe, der mich mit seiner ehrlichen Liebe wärmt, wenn ich friere. Ich weiß nicht, wer du warst. Und doch wünsche ich mir nun jeden Abend, wenn ich im Bett liege und dabei noch ein Weilchen aus dem Fenster in den schwarzen Himmel schaue, dass du zurückkommst und mich wieder auf meinem Weg durch die Nacht begleitest. Du bist bisher nicht wieder aufgetaucht.

Aber wer weiß, vielleicht überrascht du mich eines Tages im Licht. Eventuell wirst du mir irgendwann in meinem Alltag begegnen. Ich werde dich dann nicht an deinen Augen oder deinem Gesicht erkennen können. Auch deine Stimme wird dich nicht verraten, weil du in meinem Traum ja nicht mit mir gesprochen hast. Aber ich weiß, dass ich dich fühlen werde, wenn du da bist. Deine Nähe wird mich nicht anwidern oder erschrecken. Ich werde mich darin wohlwollend rekeln und ausruhen können. Wenn deine Hand meine berührt, werde ich die vertraute Wärme wieder spüren und mich an dich erinnern. Und bitte, umarme mich dann ganz fest. Denn, wenn mein Körper mit deinem Herzschlag vibriert, weiß ich, dass du mich gefunden hast.

Bis dahin freue ich mich darauf, in deine Augen zu schauen; Augen, welche mich wirklich sehen können und die jedes Wort überflüssig machen.

Ich warte einfach bis die Liebe dieses Traumes ein Gesicht bekommt.

∞

Lieb kopflos!

Die neue Kollegin ist frisch verliebt. Sie strahlt, wenn sie morgens ins Büro kommt und erzählt, wie großartig die Zeit, die Gespräche und auch die Nächte mit diesem Mann sind. Dazwischen summt sie ständig das gleiche Lied. Und doch schleicht sich in diese Euphorie plötzlich der Verstand ein. Sie möchte noch mehr Zeit mit ihm verbringen, während er scheinbar auch gerne für sich allein ist. Sie fragt sich, ob er womöglich nicht genauso wie sie empfindet, ob die Zeit für diese Begegnung gerade ungünstig sei und sie sich eventuell in ihm oder ihren Gefühlen täuscht. Zweifel steigen auf und Angst. Angst davor, dass sich früher erfahrene Verletzungen wiederholen könnten und Sorge, dass nichts so bleibt, wie es gerade ist.

Wie unverschämt böse ist es eigentlich vom Verstand, dieses momentane Gefühl und das Erleben der Liebe in Frage zu stellen? Weshalb ersticken unsere Gedanken das lichterloh brennende Feuer sofort nach dem Entfachen wieder? Warum vernünftig sein, wenn die Unvernunft sich doch gerade so gut anfühlt?

Wir haben eine perfekte Vorstellung von der Zukunft solcher Begegnungen, die bereits beim Kennenlernen wie ein Trailer in unserem Kopf abläuft. Sobald sich jedoch wider Erwarten ein Szenenwechsel einstellt, schaltet der verfluchte Verstand die Alarmleuchten ein und legt augenblicklich das Herz an die Kette. Alles, was nicht unserer eigenen oder uns eingeredeten Vorstellung von Liebe und einem potentiellen Partner entspricht, wird vom Kopf kaputt gedacht. Ich spreche mich davon übrigens nicht frei.

Allerdings bastle ich mir gerade einen Knopf, der Zweifel und Ängste erst einmal stumm schaltet. Ich möchte wundervolle Zeiten mit diesem wahnsinnigem Kribbeln im ganzen Körper nicht mehr verpassen, nur, weil sie irgendwann wieder vorbei sein könnten, nur weil ein Ende mich wieder traurig machen würde. Ich musste erst begreifen, dass nicht alle Menschen, denen ich begegne, dafür gedacht sind, für ewig in meinem Leben zu bleiben. Aber, ich habe die Lektion, sie dann mit Dankbarkeit statt mit Wut und Enttäuschung weiterziehen zu lassen, bereits gelernt. Ja, vielleicht verlässt mich wieder jemand, auf den ich mich doch so sehr verlassen habe. Aber, wenn das passiert, so durfte ich ihn wenigstens eine Zeit lang erleben, erfahren und auch lieben, weil ich mich gedanken- und erwartungslos, spontan und vielleicht sogar etwas sinnbefreit auf ihn einlassen konnte.

Was macht mehr Spaß, als vor lauter Liebe den plappernden Verstand zu verlieren? Wie wahnsinnig hoch kann man fliegen, wenn man sich von der Vernunft, anderen Meinungen, Moral und Anständigkeit nicht am Boden festhalten lässt? Diese Unbeschwertheit unbedacht auszuleben, ist ein echt irres Gefühl. Ich habe einfach mal aufgehört, mir auszumalen, wie etwas zukünftig sein könnte. Wenn es sich jetzt, in diesem Moment, gut anfühlt, dann ist es auch gut. Und wie ich auf das reagiere, was noch geschieht, kann ich mir überlegen, wenn es soweit ist.

Außerdem bin ich der Meinung, dass es nicht fair ist, erfahrene Verletzungen oder Enttäuschungen auf Jeden, der neu in unser Leben tritt, zu projizieren. Vielleicht schafft es auch meine Kollegin, diesen kleinen flatternden Schmetterlingen in ihrem Bauch doch einfach mal wieder die Chance zu geben, frei und vollkommen unkontrolliert herum zu flattern, ganz gleich, wohin die Flugbahn führt...

... damit sie mich noch lange morgens mit ihrem leise geträllerten „Love is in the Air" zum Schmunzeln bringt.

Nächtlicher Tanz

Manchmal kann ich nachts nicht schlafen. Dann sitze ich meist in meinem dunklen Schlafzimmer und starre aus dem Fenster, so wie neulich Nacht.

Es hatte leicht geschneit und dieser zarte Teppich zierte die Bürgersteige. Nebel rekelte sich in den Lichtkegeln der Straßenlaternen und die kahlen Bäume standen gespenstisch an der Fahrbahn Spalier. Still war es und keine Bewegung störte diese Idylle. Selbst die Lichter in den Häusern gegenüber waren alle erloschen.

Ich liebe diese Momente. Wenn die Nacht ihr schwarzes Kleid anzieht, bin ich mit ihr und mir allein. Das ist die Zeit, in der meine Gedanken und Gefühle wild und hemmungslos mit dieser dunklen Schönheit tanzen. Die Nacht verurteilt mich nicht für kleine Schrittfehler. Sie erteilt mir auch keine ungebetenen Ratschläge und versperrt mir keine Richtung, sondern wirbelt mich überall hin.

Wenn ich zum Beispiel an der Fensterscheibe in Richtung Himmel immer noch meiner verstorbenen Oma unter Tränen zuflüstere, dass ich sie so sehr vermisse, umarmt mich die Dunkelheit sanft. Sie redet kein unnützes Zeug, sondern hält mich wortlos ganz fest. Sie streichelt mit ihrer Ruhe geduldig meine Trauer, bis ich die Tränen wegwische.

Es scheint aber auch, als ob die Nacht mir lächelnd zuschaut, wenn ich in Erinnerungen an Momente schwelge, in denen mich einst Liebe, Vertrauen und Nähe bis in die Tiefen meiner Seele verzaubert haben. Sie versteht kommentarlos, wenn ich diese Augenblicke vermisse. Die Dunkelheit hält es aus, wenn ich über Jene nachdenke, die mir nahestehen, über ihre Geschichten und ihr Leben. Wenn ich verrückte Träume und Ideen lächelnd in die Nacht dort draußen schicke, lockert diese sofort ihre liebevolle Umarmung, um mir Unmengen an Raum für all das zu geben, was ich mir wünsche und was ich noch (er)leben möchte. Sie steckt keine Grenzen ab, an denen diese Träume scheitern könnten, sondern gibt ihnen die nötige Weite.

Während das Leben für einige Stunden fest schläft, habe ich die Möglichkeit, mich ungesehen auszutoben. Ich darf über mich und andere lachen, die Verletzungen meiner Seele bitterlich beweinen, Sehnsüchte frei lassen, über den Irrsinn dieses Lebens grübeln, wunderschöne Traumkonstrukte entwickeln oder auch einfach nur mal wütend sein. Die Stille und die Schwärze sind sehr nachsichtig mit mir. Selbst, wenn Tränen und Lachen sich unkoordiniert abwechseln, hält mich die Nacht aus. Sie erträgt mich und alles, was ich in diesem Moment bin. Dafür liebe ich sie und meinen ausgelassenen Tanz mit ihr so sehr.

Wenn die Morgendämmerung mir langsam die schützende und wärmende Decke der Nacht entzieht, das Leben wieder erwacht und nach mir verlangt, begrüße ich in meinem Kleid aus Liebe und Staunen voller Neugier einen neuen Tag.

Allerdings werfe ich mir manchmal noch einen schützenden Mantel darüber...

... den Mantel aus Lachen und Humor, mit doppelten Nähten aus Sarkasmus und auch Schweigen, damit die Spuren des nächtlichen Tanzes bei Tageslicht von niemandem gesehen werden.

Wann fängt Alt-Sein an?

In drei Wochen habe ich Geburtstag. Es wird für mich kein gewöhnlicher Geburtstag, sondern eine erneute Null wird mein Alter dann zieren. Ich trage seit einiger Zeit ziemlich schwer an dieser nahenden Null, denn es ist die Phase irgendwo zwischen Jung-Sein und Alt-Werden. Mein Körper weist mich schon seit einiger Zeit sehr penetrant darauf hin, dass er die Ideen meines Geistes nicht mehr ohne entsprechende (meist schmerzende) Konsequenzen umsetzen mag. Das ist nicht immer witzig. Sein spontanes, unangekündigtes Erhitzen und genauso apruptes Abkühlen und Frieren sind bei all dem noch das kleinste Übel.

Und dann war da vor ein paar Wochen die Szene im Büro. Der Chef hatte gute Laune und alberte mit mir herum. Dabei verkündete er im Spaß, dass er sich wünsche, ausschließlich solche Mitarbeiterinnen wie mich zu haben... ruhig, ausgeglichen und genügsam. Die junge Kollegin (Ende Zwanzig) zog sich den Schuh sofort an und warf in den Raum: „Naja, was bleibt ihr anderes übrig? Was kann sie in ihrem Alter noch und wo will sie denn sonst noch hin?" Für einen Moment überfiel mich Sprachlosigkeit. Sie hatte wirklich mich und mein Alter gemeint und keine Ahnung, wie weh mir ihre Worte gerade taten. Als ob es nicht reichen würde, dass ich selber diese Zeit als Anfang vom Ende empfinde, wühlte dieses junge Ding mit ihrer Äußerung noch so richtig in der Wunde herum.

Aber plötzlich grinste ganz tief in mir drin diese „alte" Frau und antwortete still und ungehört:

„Ich kann das Leben, Baby! Denn dieses habe ich intensiv erlebt, gelebt und bis hierher überlebt. Du musst erst noch überstehen, was ich schon längst hinter mir gelassen habe. Du wirst eines Tages inmitten von Trümmern liegen, aus denen ich mir schon vor langer Zeit schicke neue Wege pflasterte. Du wirst auch noch all die Tränen weinen, welche ich schon längst getrocknet habe. Im dichten Nebel wirst du dich noch sehr lange an anderen orientieren und dich vergleichen, bevor du deine eigene klare Sicht erlangst und dich selbst findest.

Der Vorteil älterer Frauen ist, dass die Dramaturgie des Lebens sie nicht mehr so schnell zu Boden werfen kann. Meine Erfahrungen haben mich gefestigt und stabilisiert. Was dir noch als orkanartiger Sturm erscheinen mag, ist für mich lediglich eine kleine Windböe, die mich nur kurz ins Wanken bringt. Meine Definitionen vom Glück, von Liebe und vom Leben entsprechen nicht mehr den deinen. Sie sind so einfach geworden und ich muss sie nicht mehr ständig im Außen suchen.

Du hast noch eine Menge Träume und das ist gut so. Aber stell dir vor, auch ich habe diese noch. Ich arbeite gerade daran, all meine geschriebenen Gedanken endlich in einem Buch zu bündeln. Ich glaube auch immer noch, dass ich eines Tages den Ring of Kerry in Irland entlang fahren werde. Und ja, ich träume unverändert davon, dass mich irgendwann jemand ganz fest im Arm hält, der mich nicht wieder fallen lässt, sondern dieses Mal bis zum Schluss bei mir bleibt.

Ich glaube, ich kann mittlerweile eine Menge und ich weiß auch genau, wo ich noch hin will. Durch deine unbedachte Äußerung hast du mich wieder daran erinnert. Danke.

Aber weißt du eigentlich, was ich besonders gut kann? Dich verstehen! Denn ich war auch mal jung. Damals habe ich tatsächlich gelebt und gedacht wie du. Es dauerte eben seine Zeit, bis ich die Frau wurde, die du heute belächelst.

Allerdings habe ich bereits in jungen Jahren ältere Menschen stets für ihre Lebenserfahrung geachtet und respektvoll behandelt...

... und genau das unterscheidet uns beide scheinbar."

Neun Minuten Abschied

Nun ist es schon fast ein halbes Jahr her. Ich saß an diesem Montagvormittag im Büro bei der Arbeit, als deine Nachricht auf meinem Handy ankam. Es war eine Sprachnachricht und sie war neun Minuten lang. Ich schob das Telefon beiseite und entschied, mir die Nachricht in der Mittagspause anzuhören. Aber plötzlich hielt ich inne. Du bist kein Freund langer Konversationen. Manchmal dauert es Tage, bis du eine meiner Nachrichten mit wenigen Worten beantwortest. Irgendetwas stimmte nicht. Deshalb steckte ich mir die Kopfhörer ins Ohr und begann zu hören.

Nach deinen ersten Sätzen fiel ich in meinen Bürostuhl zurück. Ich war erschrocken. Du, ein Mann Anfang 40, weintest und es war schwer, dich zu verstehen. Aber während du leise sprachst und noch versuchtest zu erklären, wusste ich bereits genau, was du zum Ende der neun Minuten sagen wolltest. Es sollte ein Abschied werden. Ich hörte dir zu und Tränen stiegen mir in die Augen. Die Fassungslosigkeit schlug mir meine Hand vor den Mund, denn ich konnte nicht glauben, was du da sagtest. Du wolltest jetzt losfahren und bei 150 km/h den Lenker deines Motorrades loslassen.

Seit diesem Montag fragte ich mich, ob ich etwas übersehen hatte. Nein, das hatte ich nicht. Wenn ich dich im letzten Sommer zufällig traf, fiel mir auf, dass du schlecht aussahst. Aber ich habe dein „Es geht mir gut." ohne nachzufragen hingenommen. Ich hatte das Gefühl, du wolltest nicht reden und würdest schon klarkommen. Da war auch dieser Sommerabend am See. Während ich noch mit einem Freund zwischen den Büschen am Wasser saß, sah ich dich ins Wasser gehen. Du schwammst mutterseelenallein in der Abendsonne hinaus, so weit, dass ich aufstehen muss-te, um dich noch sehen zu können. Viel zu weit! Als du zurückkamst, war ich wütend. Das Ufer war doch menschenleer und niemand hätte helfen können, wenn dir etwas passiert wäre. Heute weiß ich, dass du absichtlich so weit hinaus geschwommen bist, weil du hofftest, dass deine Kräfte dich verlassen und der See dich dann unbemerkt verschlucken würde. Allerdings hat er dich doch wieder zurückgebracht.

Weißt du, auch ich habe im Leben schon Zeiten ge-habt, in denen ich abends mit dem Wunsch zu Bett ging, morgens nicht mehr aufwachen zu müssen. Wenn das Leben seine gewohnten Bahnen verlässt und uns zu Boden drückt, kann es passieren, dass wir keine Kraft mehr haben. Jedoch habe ich nach solchen Nächten immer wieder den Sonnenaufgang erlebt. Und ich bin sehr froh und dankbar dafür, denn ich durfte danach noch so viele wunderbare Zeiten, Mo-mente, Augenblicke erleben.

Du dachtest, es geht nicht mehr weiter und hast ganz laut und verzweifelt in deiner stillen Nachricht geschrien, an diesem Montagvormittag im Oktober. Das war gut, denn nur so konnte ich dich wirklich hören. Wenige Minuten nach diesem Schrei, griffen meine und weitere Hände nach dir, um dich festzuhalten, bevor dich der Strudel der Hilflosigkeit komplett hinunterziehen konnte.

Ein halbes Jahr ist seit diesem Tag vergangen. Nein, wir haben dein Leben noch nicht gemeinsam wieder so herrichten können, wie es war. Vielleicht wird es auch nie wieder so werden. Aber, hey, dann wird es eben anders. Mit etwas Glück eventuell sogar noch schöner. Die Hauptsache ist doch, dass auch du jeden Morgen wieder mit dem Tag erwachst, denn dem Sterben müssen wir nicht ins Handwerk pfuschen. Das geschieht eines Tages von ganz allein.

Eines noch. Sag nie wieder, es ginge dir gut, wenn es nicht so ist. Lache nicht, wenn deine Seele doch weint. Schweige nicht, wenn du schreien möchtest. Und schwimm nie wieder allein so weit hinaus, denn ich bin eine miserable Schwimmerin und kann dir dorthin nicht folgen. Versteck dich bitte nicht, wenn Hilf- oder Hoffnungslosigkeit sich gemeinsam mit Verzweiflung in deinem Leben breit machen. Zeige dich und halte dich ruhig eine Weile an den Händen fest, die dir aufhelfen. Solange, bis du wieder selbstständig und sicher den Weg deines Lebens laufen kannst.

Und weißt du, ich denke seit diesem Montagvormittag so oft, dass wir Menschen uns unbedingt wieder dafür sensibilisieren müssen, andere zu sehen, zu fühlen und zu hören, selbst dann, wenn sie schweigen...

... damit aus einem Abschied von neun Minuten kein Abschied für immer wird. Erst recht nicht vom eigenen kleinen Bruder.

Knock(Burn-)out

Ein Montagmorgen wie jeder andere. Routine im Bad, um pünktlich zur Arbeit zu kommen. Plötzlich Hitze, die sich im gesamten Körper ausbreitete, ein verschwommenes Spiegelbild und Beine, die mich nicht mehr trugen. Während mir die Luft wegblieb, klammerten sich meine Hände haltsuchend ans Waschbecken, bevor ich schwankend den Küchenstuhl wieder erreichte und weinend darauf zusammensackte. Knockout!

Bis zu diesem Morgen war ich der festen Überzeugung, dass mir so etwas niemals passieren würde. Ich hatte mich geirrt! Und nun muss ich selbst die Verantwortung dafür übernehmen und die Rechnung der eigenen Ignoranz mir gegenüber teuer bezahlen.

Es begann vor ca. einem dreiviertel Jahr. Zu diesem Zeitpunkt wurde die Arbeit im Büro immer mehr. Der Job, welcher über einige Jahre von zwei Mitarbeitern erledigt wurde, lag seit einiger Zeit allein bei mir. Es war okay, denn ich liebe diese, meine Arbeit und war mir sicher, dass ich es auch allein schaffe. Ja, ich musste hin und wieder nach Feierabend etwas länger bleiben, aber auch das schien mir noch in Ordnung. Während dieser Zeit begannen die Schmerzen. Es war nicht schlimm. Rückenschmerzen kannte ich und war es auch gewohnt, dass sie nach spätestens zwei Wochen wieder verschwanden.

während ich bereits Überstunden im Büro verbrachte, übertrug der Chef mir plötzlich weitere Aufgaben, um andere Kollegen zu entlasten. Er war der Ansicht, ich hätte noch ausreichend freie Kapazitäten. Also machte ich ab sofort „Über-Überstunden", um auch diese Arbeit erledigen zu können. Dabei verschlimmerten sich die Schmerzen.

Zur gleichen Zeit überschlugen sich auch in meinem Privatleben die Ereignisse. Da war noch mein gebrochenes Herz, welches ich bisher aus Zeitmangel nur stümperhaft geflickt hatte. Mein kleiner Bruder verzweifelte am Leben und brauchte Unterstützung, die ich nicht so geben konnte, wie ich gewollt hätte, denn die meiste Zeit verbrachte ich schließlich im Büro. Zwischenzeitlich heiratete auch mein Sohn. Diese Hochzeit schien allerdings ganz nebenbei an mir vorbeizuziehen. Als meine geliebte Oma starb, blieb keine Zeit zum Trauern. Das Leben und der Job mussten ja weitergehen. Erst als mir kurz nach der Geburt meiner Enkeltochter jemand aus dem Büro „sehr viel schöne Zeit mit dem Kind" wünschte, wurde mir klar, dass ich diese gar nicht mehr hatte. Es war keine Zeit mehr für Familie, für Freude oder Trauer, auch nicht für das neugeborene Leben.

Aber trotz dieser Erkenntnis musste ja die Arbeit weiter geschafft werden. Ich kam aus der Nummer einfach nicht mehr heraus. Nun bereiteten mir bereits das Hinsetzen und auch das Aufstehen vom Bürostuhl

Schwierigkeiten. Bei jeder Bewegung stachen mir hunderte Messer in den Rücken. Ich verfluchte die Schmerzen, aber ignorierte nach wie vor die Seele, welche nicht deutlicher hätte schreien können.

Heute weiß ich, dass ich bereits am dritten Adventssonntag, den ich, statt mit meiner Familie, mit meiner Arbeit im Büro verbrachte, darüber hätte nachdenken müssen, was gerade mit mir geschieht. Das habe ich aber nicht getan. Stattdessen machte ich weiter, mittlerweile mit Hilfe von Schmerzmitteln.

In diesem Jahr verpasste ich den Frühling. Ich konnte die Vögel nicht mehr hören, das frische Gras nicht mehr riechen, die ersten warmen Sonnenstrahlen nicht mehr fühlen und das Aufblühen der Blumen nicht mehr sehen. Da war nur noch dieser Tunnel, durch den ich täglich ging. Er führte mich ins Büro und anschließend wieder nach Hause. Dazu verschlang er all meine Lebensfreude, mein Interesse an der eigenen Familie, meine Liebe zum Leben und sogar meine Kreativität. Ich konnte nichts mehr fühlen. Dafür übernahmen Gleichgültigkeit und permanente Müdigkeit die Kontrolle. Tagsüber kämpfte mein Kopf mit der nicht mehr zu bewältigenden Arbeit und nachts rang mein Körper mit den unerträglichen Schmerzen. Bereits am Abend hatte ich Angst vor dem Morgen. Wenn ich in der Frühe regungslos auf der Bettkante saß oder erstarrt mitten in der Wohnung stand, da keine Bewegung möglich war, weinte ich nur

noch. Die Schmerzen verursachten Übel- und Traurig-
keit, wenn es mir einfach nicht mehr möglich war,
meine Strümpfe anzuziehen. Und trotzdem schaffte
ich weiterhin täglich den Weg durch diesen fürchterli-
chen Tunnel... bis zu jenem Montagmorgen, dem Mo-
ment, in dem mir der Boden unter den Füßen wegge-
rissen wurde.

In den vergangenen Wochen befassten sich verschie-
dene Ärzte, Physio- und Osteopathen mit meinem
Körper. Eine eindeutige Diagnose wurde bisher nicht
gestellt. Nur meine jüngere Schwester erwähnte im
Gespräch vorsichtig den Begriff „Burnout"; das Wort,
gegen welches ich mich bisher so sehr gewehrt habe.
Aber letztendlich ist es egal, welchen Namen man dem
gibt, was mir passiert ist. Ich selbst habe mich verges-
sen, missachtet und überhört. Und die Quittung dafür
habe ich nun bekommen.

Ich weiß nicht, ob diese immer noch wahnsinnigen
Schmerzen eines Tages verschwinden werden. Viel-
leicht haben sie sich im Laufe der letzten Monate in
meinem Geist, in meinem Körper oder meiner Seele
manifestiert? Mir bleibt nichts anderes übrig, als ab-
zuwarten, wie es mir weiterhin ergehen und was mir
helfen wird. Aber bis dahin habe ich aufgrund der
ärztlich verordneten Ruhe etwas sehr Wertvolles...
Zeit.

Zeit, um die Scherben meines gebrochenen Herzens sorgfältig zu kleben, Zeit, um meinem Bruder auf dem Weg zurück ins Leben zuzuhören und -zusehen. Ich habe endlich Zeit, meiner Oma eine Blume auf den Friedhof zu bringen und ihren Verlust zu beweinen. Ebenso habe ich nun die Zeit, meiner kleinen Enkeltochter zu zeigen, wie wichtig und schön es ist, die Sonne zu fühlen, Vögel zu hören, Blumen zu sehen und frisches Gras an den Füßen spüren zu können.

Und vielleicht ist genau das die richtige und einzige Medizin, die ich brauche, um zu erkennen, dass es keine Trennung zwischen Arbeits-, Frei- oder Auszeit gibt. Alles ist unsere Lebenszeit...

... und was ist es wert, diese vorzeitig zu ruinieren?

Das dankt dir niemand!

Seit kurzem lebe ich mit zwei Männern zusammen. Hört sich spannend an, ist es auch. Allerdings etwas anders, als wahrscheinlich auch meine Nachbarn hinter vorgehaltener Hand tuscheln mögen. Einer der Männer ist mein Bruder. Der andere ist eine mühsam verdrängte Herz-Schmerz-Geschichte. Aber eines haben beide gemeinsam. Sie waren eine Zeit lang aus meinem Leben verschwunden. Vielleicht hatten sie mich vergessen. Aber egal, wie es war, ich jedenfalls versprach ihnen irgendwann einmal, für sie da zu sein, wenn sie in Not sind, dann, wenn sie meine Hilfe brauchen und auch wollen.

Beide verbindet eine ähnliche Erfahrung, die sie kürzlich machen mussten. Das tobende Leben hat die Komfortzone der beiden Hitzköpfe, unabhängig voneinander, mit lautem Knall gesprengt. Immer mit Vollgas durch alle Türen hatte zur Folge, dass plötzlich eine Mauer auftauchte, die sie scharf abbremste und zu Boden warf. Nun sind sie hier und pflastern sich gerade einen neuen Weg, auf dem sie weitergehen können.

In meinem Umfeld wurde eifrig über dieses Ü-45-Zusammenleben diskutiert. Man vermutete, dass mich nun unendliches Chaos in meiner Wohnung stressen würde. Es wurden Streitigkeiten vorhergesagt und eine Menge Unverständnis darüber geäußert, dass ich zwei Menschen „aufnehme", die sich doch in ihren guten Zeiten nicht im Geringsten an mich erinnert hatten. Ich werde böse verbal angegriffen; angegriffen dafür, dass ich lediglich mein Versprechen hielt. Fast täglich kämpfe ich den Kampf gegen Halbwissen, Vermutungen, das Aufbereiten alter Geschichten und das Kopfkino anderer. Ich muss mich permanent wehren und man erwartet ständig Antworten und Rechtfertigungen von mir. Die beiden Jungs haben davon gar keine Ahnung. Ich möchte auch nicht, dass sie meinen Kampf mitkämpfen müssen.

Wie es wirklich täglich in unserer kleinen Wohngemeinschaft vor sich geht, weiß niemand. Das will auch niemand wissen. Sie stecken in ihren eigenen Vorstellungen fest. Und das ist das Problem. Denn diese Vorstellung lässt nicht zu, dass das ruhige, gleichmäßige Dasein durcheinander gerüttelt wird. Alles soll und muss bleiben wie es ist; es sei denn, man hat eine Veränderung geplant, sie sich selbst ausgesucht. Dann heißt man sie natürlich gerne willkommen.

Unser Zusammentreffen war nie geplant. Es passierte quasi aus der Not heraus. Und es ist ein großartiges Experiment, welchem wir uns hier stellen. Ich behaupte, wir meistern es mit Bravour. Dazu braucht es im Grunde genommen auch gar nicht viel. Aber vielleicht tragen wir drei doch etwas Besonderes in uns, nämlich Verständnis und Mitgefühl für die Lage des Anderen. Hier wird niemand für seine Geschichte verurteilt. Es wird akzeptiert und toleriert, jeder als Mensch gesehen und vor allem darf dieser Mensch dann auch so sein und bleiben wie er nun mal ist. Es werden keine alten Verletzlichkeiten herausgekramt oder Vorwürfe gemacht. Kleine Eigenarten des Anderen werden mit unglaublichem Humor genommen. Dadurch haben wir natürlich sehr viel zu lachen, größtenteils über uns selbst. Wir können uns zuhören, reden und gegenseitig ein wenig halten. Für mich ist es eine wunderschöne Zeit und ich hoffe, dass es das auch für die beiden Männer ist.

Die Beiden werden mich wahrscheinlich in Kürze wieder verlassen, denn sie arbeiten ja bereits an dem Weg, auf dem sie ohne meine Hilfe weitergehen können. Sie bauen sich und ihr Leben selbstständig stückchenweise wieder auf. Wenn sie gehen, wird es lautlos geschehen und wer weiß schon, ob sie mich dabei nicht sogar wieder vergessen. „Sie werden dir deine Hilfe nicht danken." ist der Satz, den ich am häufigsten zurzeit höre. Er tut sehr weh. Aber selbst mit diesen Worten äußern Menschen doch nur ihre eigene Vorstellung von Dank.

Die Dankbarkeit der beiden Jungs empfinde ich jeden Tag, wenn ich sie lachen sehe, wenn ich ihre wiedergewonne Zuversicht spüre und ihre kleinen Schritte zurück ins eigene Leben beobachten darf. Damit geben sie mir so verdammt viel zurück. Das ist ihr Dankeschön an mich, von dem sie selbst gar nichts wissen.

Ich dagegen gab ihnen doch nur ein Bett, ein bisschen Liebe und einen Platz in meiner Wohnung und meinem Herzen, an dem sie Ruhe finden, sich neu sortieren, durchatmen und an dem sie sich verstanden fühlen konnten. Und ein Versprechen gab ich den Beiden damals...

... nur ein Versprechen, auf das sie sich aber jederzeit verlassen konnten.

Unbeschwertheit

Manchmal spüren wir diese unbeschwerten Momente im Leben tatsächlich noch. Sie fühlen sich so leicht und voller Zufriedenheit an. Wir wollen diese Augenblicke festhalten, klammern an deren Schwerelosigkeit. Bloß nicht loslassen!

Ich sitze gerade jetzt in so einem Moment. Nichts ist da von den vielen Gedanken, Sorgen, Zweifeln, Fragen und mir selbstgegebenen Antworten. Hinter mir die Düne, vor mir das Meer, über mir das Himmelsblau geschmückt mit weißen Tupfern und neben mir ein Mensch, dieser eine für mich ganz besondere Mensch, unter all den vielen, die wie Ameisen hier herum wuseln.

Wenn ich die Augen schließe, spüre ich den Wind, der sanft den Sand auf meine Haut pustet und die Sonne, welche mich dazu vorsichtig streichelt. Ich höre das Wasser leichte Wellen schlagen und sauge mit jedem Atemzug den Menschen neben mir ein, der mit mir gemeinsam nachts den grellen Lampion am Himmel bestaunt.

Natürlich möchte ich diese Szene nicht mehr verlassen. Hierbleiben, atmen, das übrige Leben einfach ohne mich weiterleben lassen. Es braucht mich dazu schließlich nicht.

Aber was wäre, wenn diese Unbeschwertheit für immer bliebe? Was, wenn dieser Moment sich nie wieder verändern würde?

Vielleicht würde mein Leben seine Spannung und überwältigenden Überraschungen, seine Herausforderungen sowie ich meine ungeheure tägliche Neugier und der Moment seinen stillen Zauber irgendwann verlieren. Worauf freue ich mich dann noch? Jeden Tag nur noch auf die Wiederholung dieses einen Augenblicks?

Ja, das Leben erdrückt uns manchmal mit seiner Schwere, Traurigkeit, Einsamkeit und Verzweiflung. Auch mich, ganz versteckt in den vielen anderen Momenten. Nur nicht in diesem, der mich gerade trägt. Aber, nur weil es sich jetzt so gut und frei vom Rest des Lebens anfühlt, kann und möchte ich nichts davon festhalten, weder die Sonne im Gesicht, den lauen Wind im Haar, das Meer an meinen Waden, den Sand, der am Abend an den Füßen zurückbleibt, noch den Menschen, der so nah bei mir ist.

Wenn beide Hände krampfhaft diesen Moment festhalten wollten, wären die Arme nicht mehr frei, um neue wundervolle Augenblicke zu empfangen und zu umarmen. Und wer weiß denn schon, was diese noch für mich bereithalten?!

Ich bin ziemlich zuversichtlich, dass Schwere und Unbeschwertheit sich in meinem Leben weiterhin die Waage halten werden und bis dahin lass ich genau diesen Moment, die Liebe zu ihm, dort, wo er ist...

... unbeschwert im Herzen frei tanzen, bis ich mich im nächsten verliere.

Momente

Ich weiß nicht, was es ist und warum das passiert. Aber, ich kann dich manchmal hören, wenn du schweigst. Ich kann dich fühlen, selbst, wenn du nicht neben mir stehst. Ich kann in deinen Augen lesen, auch, wenn du mir den Rücken zuwendest. Ich kann dich verstehen, obwohl wir nicht reden. Nachts, während du schläfst, spülen manchmal ein paar meiner Tränen den Dreck weg, der schwer auf dir liegt, damit du wieder etwas freier atmen kannst.

Und wenn du dich zu mir umdrehst, mit mir sprichst, wenn ich dabei in deine Augen sehen und deine Worte hören kann, streichelt mein Herz wortlos und ganz vorsichtig deine Seele, heimlich, damit du es nicht merkst.

Nein, ich weiß nicht, warum all das so ist, weshalb unsere gemeinsamen Momente solche Dinge ungefragt und ungewollt mit mir tun. Vielleicht sind sie einfach nur wie das Stechen eines Tattoos. Es brennt und tut manchmal weh, aber letztendlich entsteht dadurch etwas Wundervolles...

... etwas, das mir bleibt, selbst dann, wenn du nicht bleibst.

∞

Ankommen

Hast du eigentlich mitgezählt, wie oft wir uns in den letzten Jahren begegnet sind und wie oft wir uns wieder verloren haben? Wie viel Zeit haben wir mit Lachen, Gesprächen, Zuhören, Ideen und einer Menge Verrücktheit verbracht? Wie lange habe ich aber auch jedes Mal geweint, wenn du lautlos wieder verschwandest?

Nach den letzten Tränen musste ich dich endlich mit Gewalt aus meinem Kopf reißen. Die Gedanken an dich hätten sonst irgendwann erbarmungslos meinen Verstand aufgefressen. Nur die Erinnerungen, diese großartige Liebe und die Dankbarkeit für dich schloss ich damals ganz tief in meinem Herzen ein. Dort sollten sie still für immer bleiben. Nur bei mir. Und den Schlüssel zu dieser (unserer) Einzigartigkeit warf ich weit weg in den Lärm meines Alltags.

Nun bist du plötzlich wieder da. Einfach so. Genau wie all die anderen Male zuvor, kamst du ohne Ankündigung, ohne Vorwarnung, ungefragt und ungebeten zurück in mein Leben... und ich in deins. Niemand versteht warum. Auch wir nicht. Ich habe mir wirklich Mühe gegeben, dich nicht mehr mit meinen Augen von damals zu sehen, nicht mehr zu fühlen, was nicht sein soll und erst recht nicht, dir so nah zu kommen, dass ich erneut lichterloh brenne. Aber, es nützte nichts, dass ich einst den Schlüssel so weit weg warf. Dieses Schloss, da drin in meinem Herzen, sprengte sich von ganz allein und alles was ich so sorgfältig vor dir, vor der Welt da draußen und auch vor mir selber so gut versteckt hatte, strömte wieder hervor... die vielen Erinnerungen, die Dankbarkeit und diese bodenlose Liebe, die nie etwas anderes wollte und konnte, außer zu lieben.

Und jetzt? Die Weinflaschen liegen im Sand. Am Himmel strahlt ein Lichternetz aus Sternen. In der Dunkelheit schlagen die Wellen leise flüsternd an den Strand. Und wir beide liegen ganz dicht zusammen, mittendrin in dieser Sommernacht, sprachlos und staunend darüber, was gerade mit uns passiert. Dort, wo der laue Wind vom See meine nackte Haut nicht berühren und streicheln kann, tust du es und ich weiß nicht, ob es wieder nur einer dieser unzähligen Träume ist, die ich so oft von uns geträumt habe.

Obwohl sich gerade alles so wunderschön und richtig anfühlt, weine ich manchmal für mich allein. Ich weine um die vertrödelte und verpasste gemeinsame Zeit. Ich bin so unsagbar traurig darüber, über welche Steine uns das Leben zwischenzeitlich stolpern ließ und was diese Stürze mit uns gemacht haben. Ich weine aber auch ein wenig, weil unsere gemeinsame Geschichte mich immer wieder so sehr berührt. Ja, ich weine um und wegen uns.

Während du mich fest im Arm hälst, bete ich dieses Leben an, dass es nach all der Zeit die Nase davon voll haben möge, uns ständig auseinanderzureißen und dann wieder zusammenzubringen. Ich wünsche mir, dass es aufhört, uns unaufhörlich mit seinen Stürmen in unterschiedliche Richtungen zu blasen, nur damit wir irgenwann erneut mit einem Knall voreinander aufschlagen. Denn der ungeheure Schmerz und die vielen brennenden Tränen auf dieser sich ständig wiederholenden Route haben mich so wahnsinnig müde gemacht. Ich will nicht weiterreisen!

Aber vielleicht, wenn wir Glück haben, wird das Leben ja diesmal endlich der Liebe lächelnd zuzwinkern und flüstern:

„Du hast all meine Unwetter überstanden und nun darfst du bei den beiden ankommen und auch bleiben."

Während du schläfst

Wie sagt man „Ich liebe dich.", ohne zu sagen „Ich lie-
be dich."? Das frage ich mich gerade, während du
schläfst und ich dich anschaue.

Es kommt mir vor, als würde ich dich schon eine
Ewigkeit kennen. So, als schliefst du mein ganzes Le-
ben schon neben mir. Aber manchmal fühlt es sich
auch an, als begegne ich dir immer wieder neu. Du
hast mich mit Liebe überschüttet und dann wieder
verlassen. Du warst mein Freund und dann wieder ein
Fremder. Du wurdest irgendwer und dann wieder die-
ser Eine.

Während ich dich anschaue, kann ich uns nicht be-
greifen und ich weiß auch nicht, ob ich es überhaupt
verstehen will. In all dieser Zeit, dem Kommen und
Gehen, stand ich unaufhörlich mitten im Feuer. Mal
brannte es lichterloh und dann wieder glimmte es nur
unbemerkt vor sich hin. Aber es erlosch nicht vollstän-
dig und ich fand nie den Weg hinaus.

Du schläfst noch und ich lausche deinem Atmen wie
meiner Lieblingsmusik. Ich versuche, die kleinen Fält-
chen in deinem Gesicht zu zählen und wenn du nur
stillhalten würdest, könnte ich jede einzelne von ihnen
streicheln. Wenn ich wüsste, dass du nicht wach wirst,
könnte ich meinen Körper für einen Moment noch
ganz nah an deinen legen, damit wir uns spüren.

Wenn du sie nicht unter der Bettdecke versuchtest zu verstecken, würde ich alle deine Verletzungen, Narben, Risse und Schmerzen einfach wegknutschen; trotz des Wissens, dass ich sie niemals heilen kann.

Während du dich noch in den neuen Tag träumst, hast du keine Ahnung von meinen Gedanken und diesem gnadenlosen Brennen. Wie soll ich es dir sagen, wie erklären, was da in mir los ist? Ich kann diese Liebe zu dir nicht in Worte fassen und beschreiben. Sie kam irgendwann und ging nie mehr. Wahrscheinlich hat sie sich beizeiten in meiner Seele und meinem Herzen einfach mit deinem Namensschild häuslich eingerichtet, um zu bleiben, vollkommen egal, wo du gerade abgeblieben warst.

Aber in diesem Moment bist du hier und weißt du was? Schnapp dir meine Liebe nun einfach, wenn sie sich zeigt. Ruhe dich darin aus, plansche darin oder nimm sie einfach nur stillschweigend wahr, wenn du sie auch ohne Worte fühlen kannst.

Ja, wir haben vor langer Zeit beschlossen, diese unbedeutenden drei Worte niemals zu sagen. Das war richtig, denn sie können nicht im Geringsten ausdrücken, wie sich reine, ehrliche Liebe anfühlt. Aber sorry, mir fällt in diesem Augenblick nichts anderes ein, als dich lautlos und ungehört in der Morgendämmerung anzuschreien...

Ich liebe dich so sehr dafür, dass du hier neben mir schläfst, dafür, dass du einfach nur bist!

Der Versuch wegzulaufen

Ich sitze so gerne bei dir. Ich höre dir gerne zu. Ich rede gerne mit dir. Ich schweige aber auch gerne mit dir, wenn Worte nicht nötig sind. Ich liebe eben deine Nähe.

Aber nun musste ich los. Einfach raus und laufen. Ich konnte nicht mehr bei dir sitzen bleiben, weil diese dämlichen Schmerzen gerade nicht auszuhalten waren. Ich konnte dir nicht mehr zuhören, weil der Motor in meiner Brust wieder mal so sehr ruckelte und stolperte. Ich wollte nicht mehr reden, weil ich einfach nicht über mich reden wollte.

Und nun laufe ich langsam, die Schuhe in der Hand, durch die Wellen, die gegen meine Beine schlagen. Will nichts hören, außer die viel zu laute Musik aus den Kopfhörern. Mein linkes Bein knickt im weichen Sand weg, weil es mich manchmal eben nicht mehr hält. Dazu mein treuer Freund, der stechende, unerträgliche Schmerz im Rücken. Aber ich laufe weiter, auch, damit ich das ungleichmäßige und holpernde Pochen in meiner Brust nicht mehr spüren muss. Ich laufe gerade vor dir, vor mir und vor all dem weg.

Du bist so glücklich an diesem Ort. Ich kann es in deinen Augen sehen und in deinem tiefen Atmen hören. Und ich weiß, dass es umgekehrt genauso ist. Dafür brauchen wir nicht reden und ich möchte, dass es für dich gerade jetzt so bleibt.

Deshalb laufe ich ohne dich den weiten Strand entlang. Und ich weine auch allein, während mich der jetzt einsetzende Regen umarmt. Zum Glück vereint sich jede Träne sofort mit den Regentropfen und fließt augenblicklich ungesehen fort. Ich weine, während ich immer weiter gehe, wegen der Schmerzen, wegen des Stolperns in meiner Brust, aber auch, weil ich mich frage, wie oft meine Beine mich diesen wunderbaren Weg durch die Wellen noch unbeschwert gehen lassen werden. Ich weine die Traurigkeit einfach heraus.

Wenn ich zurückschaue, sehe ich, wie die nächste Welle meine Fußspur im Sand packt und mit sich zurück ins Meer zieht. Sie bleibt nicht. Sie ist unwichtig. Und genauso ist es mit meinen Schmerzen und meiner Angst. Sie sind unwichtig für andere und deshalb muss ich sie für mich allein aushalten.

Denn auch du musst deine Schmerzen und Ängste selbst ertragen. So verdammt gern ich es wollte, ich kann sie dir nicht nehmen. So, wie du mir meine nicht abnehmen kannst. Darum laufe ich einfach immer weiter im Regen.

Ich laufe all das gerade allein weg, weil ich möchte, dass deine Hand meine nur hält, um das Gefühl, das Glück und die Liebe zu diesem Moment mit mir zu teilen. Sie soll mich mit Freude dabei haben wollen und nicht, weil sie mich stützen, festhalten oder tragen muss. Ich werde es schon schaffen, mich selbst zu halten, denn das musste ich doch ohnehin schon mein ganzes Leben.

Wenn ich gleich vom Regen durchnässt zu dir ins Zimmer komme, werde ich lächeln, mich mit den verfluchten Schmerzen zu dir hinüberbeugen, um dir vielleicht einen Kuss auf die Stirn zu geben und zu fragen, ob es dir gut geht.

Aber bis dahin laufe ich weiter durch den Regen und das Meer. Ich laufe gegen die Schmerzen und die Angst, gegen meine, aber auch deine. Ich bekomme das schon hin...

... denn der Strand ist noch sehr lang.

(Un)wichtig

Meine Kollegin und ich teilen uns ein Büro. Unsere Schreibtische stehen aneinander und wir sitzen uns gegenüber. Wenn wir unsere Hälse strecken, können wir uns über die Bildschirme auch mal ansehen. Vor ein paar Wochen schaute sie ständig auf ihr Smartphone, welches neben der Tastatur lag und seufzte das ein oder andere Mal. Irgendwann sagte sie: „Ach Mensch, ich bin heute so unwichtig." Ich schmunzelte hinter meinem Monitor und überließ sie zunächst ein Weilchen ihrem Selbstmitleid.

Aber irgendwann reckte ich mich über meinen Monitor und erinnerte sie: „Ist doch toll, dass du heute unwichtig bist." Fragender Blick. Ich erklärte ihr meine Sicht der Dinge.

Vielleicht ist es erst einmal kein schönes Gefühl, unwichtig zu sein. Jeder von uns möchte beachtet, gesehen, verstanden oder geliebt werden. Dafür sind wir Mensch. Aber, ich bin auch dann noch Mensch, wenn sich niemand für mich interessiert. Wenn ich scheinbar der ganzen Welt egal und so dermaßen unwichtig bin, kann ich tun und lassen, was ich will. Ich muss keinerlei Rücksicht nehmen. Dann ist da eine Unmenge an Zeit für mich. Ob ich Blödsinn anstelle oder mich einfach nur still für mich mit mir befasse, spielt keine Rolle. Alles, was mir gerade einfällt, ist erlaubt.

Wen interessiert es denn? Meine so unwichtige Kollegin begann zu lachen.

Vor ein paar Monaten, kurz nach der Geburt ihres Kindes, kam meine Tochter in Bedrängnis. Plötzlich war so viel zu tun. Das Kindchen musste versorgt werden, der Haushalt erledigt, der Einkauf geschleppt und ja, der Mann auch noch verstanden und geliebt werden. Einen spontanen Vorschlag zu einer Unternehmung tat sie mit den Worten ab, dass sie erst noch die Wohnung putzen und das Geschirr spülen müsse. Sie wüsste auch gar nicht mehr, was zuerst getan werden muss und was am wichtigsten wäre. Ich schaute mein überfordertes Kind an. „Jedesmal, wenn du überlegst, ob etwas wichtig ist, frage dich, was geschieht, wenn du es nicht tust. Wirst du oder jemand anderes dann tot umfallen? Geht die Welt unter? Wenn du diese Fragen mit Nein beantworten kannst, ist es gerade nicht wichtig. Wenn dein Leben und deine Gesundheit, vielleicht sogar deine Existenz oder die eines anderen durch dein Nichtstun gefährdet werden, nur dann ist dein Handeln wirklich wichtig. Alles andere kann warten." Ich weiß nicht, ob sie das verstanden hat. Gegrinst hat sie auf jeden Fall und etwas entspannter ist sie mittlerweile auch.

Wahrscheinlich nehmen wir uns und unser Tun oftmals wirklich zu wichtig. Ich schließe mich da übrigens nicht aus. Passiert auch mir. Es ist ja unbestritten auch ein schönes Gefühl, für sein Dasein beachtet und gemocht zu werden, Aufmerksamkeit zu bekommen.

Als ich neulich Abend von einem Balkon aus den Sonnenuntergang beobachtete, stellte ich allerdings wieder fest, dass ich für dieses allabendliche wunderschöne Spektakel am Himmel überhaupt nicht wichtig bin. Selbst, wenn kein Haus dort unten mehr stehen, kein Mensch dort mehr leben, keine Stimmen mehr vom Wind herübergeweht würden, wenn ich, als Mensch, nicht mehr wäre, würde die Sonne sich, davon ungestört, trotzdem jeden Abend wieder da hinten am Horizont hinter den Bäumen in phantastischen Farbspielen zur Ruhe betten. Dafür braucht sie mich nicht.

Deshalb... Wenn ich heute für die ganze Welt unwichtig bin, schnappe ich mir mein Fahrrad und meine Decke. Ich lege mich mit einer Kanne Kaffee an den See und schreibe einfach mal meine unwichtigen Gedanken zur eigenen Unwichtigkeit auf...

... während das Wasser plätschert, die Sonne darin glitzert, die Blätter der Bäume im Wind rauschen, Familie Schwan nach mir schaut und tolle Musik durch die Kopfhörer schallt.

Das war mir nämlich gerade wichtig.

∞

Mann & Frau GmbH

Da behauptet also jemand, die heutigen Partnerschaften gleichen GmbHs. Ich muss grinsen und zustimmen. Denn nichts anderes beobachte ich um mich herum. Oftmals funktionieren (wobei dieses Wort schon Schütteln verursacht) Partnerschaften nach dem Prinzip, je höher meine Einlage, desto größer mein Gewinn. Mit anderen Worten: Wenn ich viel gebe, erwarte ich auch, dass für mich sehr viel dabei herausspringt. Ein guter Vertrag, der da geschlossen wird!

Noch interessanter wird es, wenn zudem Fremde, Unbeteiligte, meinen, sie wären Vermögensberater dieser GmbH und beginnen aufzulisten, in welcher Form und Höhe der Gewinn valutieren müsse.

Was ich gebe, ist vielleicht nicht viel. Eigentlich ist es nur eins. Das Hingeben! Mich einer Begegnung, Verbindung oder nenn es von mir aus auch Partnerschaft, mich einem anderen Menschen offen und ehrlich zu zeigen, mich vollkommen den Begebenheiten hinzugeben, ist wohl die höchste Form der Einlage. Alles was aus dieser Hingabe, dem Zulassen und Mittreiben resultiert, kann man nicht berechnen.

Was wird eigentlich in einer Partnerschafts-GmbH im Alltag erwartet? Ich habe dir gesagt, dass ich dich liebe, nun sag du mir das gefälligst auch. Ich habe für dich so viel getan, nun tu auch du viel für mich. Ich habe mir solche Mühe gegeben, dir eine Freude zu machen, wo ist dein Geschenk für mich? Ich habe das Geschirr abgewaschen, nun bring du den Müll raus. Ich will Harmonie, also streite auch du nicht mit mir. Und bei Geld wird es sogar richtig spaßig.

Es fühlt sich für mich wie ein ewiger Machtkampf an. Der Kampf nach Behauptung, Kontrolle und vor allem, stets der Bessere in dieser Zweisamkeit zu sein. Aber in diesem Kampf gibt es immer einen Verlierer. Immer!

Ich habe übrigens auch Vermögensberater um mich herum. Aber woher wollen sie wissen, was ich als Gewinn empfinde. Wie gesagt, meine Einlage beschränkt sich auf Hingabe. Mehr habe ich nicht. Und doch ist der Gewinn weitaus bedeutender als ein Strauß Blumen, eine Einladung ins schicke Restaurant, eine Urlaubsreise an ferne Strände oder das schnelle Dahersagen irgendwelcher Liebesschwüre.

Manchmal wird meine Hand einfach genommen und gehalten. Manchmal wird liebevoll jeder Punkt auf meinen Kleid angetippt und gezählt. Manchmal wird mir ein herabgewehtes Blatt aus dem Haar genommen. Manchmal werde ich zu einer Tiefkühlpizza eingeladen und mir wird ein Wein aus dem Supermarkt dazu serviert. Manchmal sitzt man nur still gemeinsam am nahegelegenen See. Manchmal werde ich mit einem Schälchen Erdbeeren überrascht, weil ich sie auf Teufel komm raus liebe. Manchmal wird mir ohne Aufforderung eine Tasse Kaffee gekocht. Manchmal werde ich ganz fest gedrückt. Manchmal wird mir nur ein Moment in die Augen gesehen und erkannt, was ich denke. Manchmal... nicht ständig.

Aber all diese Manchmal, die kleinen Gesten in kurzen Augenblicken nehme ich sehr intensiv wahr und sie sind für mich der allergrößte Gewinn. Ich genieße sie kommentarlos und sie bedeuten mir unheimlich viel.
Aber hoppla, manchmal gibt es auch Meinungsverschiedenheiten, Streit oder Missverständnisse. Dann Zuzuhören, eigene Befindlichkeiten mal zurückzustellen und abzuwarten, bis sich die Wogen wieder glätten, ohne einander sofort wieder loszulassen, gehören für mich ebenso zur Hingabe. Nobody is perfect. Wer diese Unvollkommenheit ebenso mit Freude annehmen und auch andersherum erfahren kann, bedarf keines Vertrages zur Gewinnausschüttung nach Einlage.

Dann gibt es keinen Kampf um den höchsten Gewinn...

... keine Verlierer!

∞

Ozean der Tränen

Da schwimme ich nun mutterseelenallein in diesem großen Meer, erbarmungslos von Schmerz, Ängsten, Umständen und Gedanken hineingestoßen. Es ist das Meer der Traurigkeit. Ich versuche, nicht unterzugehen, denn die Schwimmweste aus Lachen und Fröhlichkeit habe ich irgendwo verloren. Es scheint, als ob dieses Meer sich mit jeder einzelnen meiner salzigen Tränen immer weiter füllt und tiefer wird. Ich habe aufgehört, gegen die Wellen der Verzweiflung anzukämpfen, denn es kostete mich zu viel Kraft.

Egal, in welche Richtung ich schaue, es ist kein Land zu sehen, kein Schiff, keine Hände, die sich mir entgegenstrecken. Was bleibt mir anderes übrig, als mich fallen und den Ozean der Tränen die Richtung bestimmen zu lassen? Was kann ich in dieser unvorstellbaren Traurigkeit tun, außer mich der Strömung hinzugeben? Während ich still weine und das Wasser um mich herum scheinbar steigt, flehe ich, dass es mich nicht komplett in die dunkle Tiefe reißen möge. Oder besser doch, denn die Kälte und Hilflosigkeit sind gerade kaum auszuhalten. Ich fühl mich so schwer und verloren.

Aber ich bin mir sicher, du wirst mich irgendwann hier herausholen. Du, die Freude. Unerwartet wirst du von oben nach mir greifen und mich aus dem eisigen Nass ziehen. Ich kenne dich sehr gut. Du wirst mich durch den Wind tragen, damit ich und meine Tränen, wieder trocknen. Du wirst mich auch mit enormer Kraft solange herumwirbeln, bis mir schwindlig wird und ich scheinbar den Verstand verliere. Deine Leichtigkeit wird meine Seele tanzen und mein Herz übermütig Purzelbäume schlagen lassen. Du wirst wieder Spaß daran haben, wenn ich mich fröhlich jauchzend in dich, die Freude, und ins Feuer der Sonne und des Moments werfe, obwohl ich mich daran verbrennen könnte. Dieses Gefühl von Endlosig- und Glückseligkeit wird unser Begleiter sein und dich mit mir lachend weiter in die Höhe schubsen.

Aber trotz deiner Unbeschwertheit und meiner Euphorie bitte ich dich: Pass ein wenig auf mich auf und lass uns nicht mehr all zu hoch hinauf steigen. Weißt du Freude, je höher du mit mir fliegst, desto härter werde ich beim nächsten Mal wieder im Meer der Traurigkeit aufschlagen, wenn du mich nicht mehr halten kannst,....

... dann, wenn Schmerz, Ängste, Umstände oder Gedanken mich von dir wegreißen und erneut aus schwindelnder Höhe erbarmungslos in die Tiefe des Ozeans meiner Tränen stoßen.

∞

Geschriebene Gespräche

Im Januar dieses Jahres begann ich ein Buch zu schreiben. Dazu saß ich nicht am Computer. Ich nahm Tinte und schrieb mit der Hand. Denn alles, was ich in dem Moment zu Papier brachte, sollte genau so stehen bleiben, wie es gerade aus mir heraussprudelte. Jeder Fehler, jedes vergessene Komma. Keine Entfernen-Taste, kein Rückgängig-Machen, kein Speichern auf irgendeiner Festplatte. Diese Art Tagebuch begann ich für meine kleine Enkeltochter zu schreiben, die an diesem Tag im Januar erst fünf Wochen alt war.

Ich schrieb nicht täglich, nur dann, wenn ich das Bedürfnis hatte, ihr etwas mitzuteilen. Ja, ich begann, auf liniertem Papier mit dem Würmchen zu reden. Als ich sie das erste Mal, noch im Kreissaal, auf dem Arm hielt, waren so viele Wünsche und Gedanken in meinem Kopf. Aber eben nur dort. Deshalb saß ich an diesem Winterabend am Schreibtisch und begann das erste Gespräch mit ihr.

Die kleine Leevke sollte eines Tages etwas von ihrer Oma in der Hand halten. Mein Wunsch war es, dass sie später weiß, wer ich wirklich war, nicht vom Hörensagen, sondern von mir selbst. Ich wollte ihr meine Sicht auf das Leben, auf die Menschen, auf die Liebe und das Glück mit auf den Weg geben. Dazu erzählte ich ihr in ihrem ganz eigenen Tagebuch Episoden aus meinem Leben, von meinen Erfahrungen und Begegnungen. Nach drei Monaten hörte ich damit auf. Seitdem liegt das angefangene Buch in der Schublade.

Ich hatte im Januar begonnen, diesem kleinen Mädchen von den schönen, einfachen und doch wertvollen Dingen auf dieser Welt und in diesem Leben zu berichten. Aber während ich die ersten Seiten mit meinen Worten füllte und dabei unser Umfeld beobachtete, befürchtete ich, dass sie mich eines Tages für komplett bescheuert halten könnte. Vielleicht würde sie durch die Brille, welche ihr von Erwachsenen ungefragt aufgesetzt wird, meinem Blick nicht folgen und meine Worte nicht verstehen können. Eventuell wäre es besser für die kleine Leevke, sie in diese Welt als eine von vielen mit dem Strom schwimmen zu lassen.

Die Maus ist jetzt ein dreiviertel Jahr alt. Wir lagen in den vergangenen Monaten im Gras und sie spielte neugierig damit. Leevke blickte bereits mit mir aufs Meer und wir blinzelten gemeinsam aufgeregt auf das Glitzern im Wasser des Sees gleich hinterm Haus. Wir lagen ganz dicht auf der Wiese und beobachteten das Zwinkern der Sonne durch die wippenden Blätter der Bäume über uns. Auch den umwerfenden Sonnenuntergang bestaunten wir beide zusammen. Wir haben Spaß daran, ulkige Grimassen zu schneiden, wenn wir uns ansehen und beim Musikhören beginnt sie sofort mit dem Oberkörper hin und her zu wackeln. Sie tanzt scheinbar gerne. Leevke hat mir heute das erste Mal zugewunken und ja, High Five beherrscht sie nun auch schon.

Ich habe heute beschlossen, das Tagebuch für meine Enkeltochter weiter zu schreiben. Bevor sie in ein Konstrukt aus Erziehung, Bevormundung, ewigem Funktionieren, Perfekt-Sein und Oberflächlichkeit gepresst wird, habe ich ihr noch einiges zu sagen. Es ist mir wichtig, sie später mit diesem Buch an ihre kindliche Neugier, Offenheit und auch das Vertrauen in andere Menschen zu erinnern. Ich möchte, dass sie die Faszination des Einfachen, nämlich dieses Lebens, nicht vergisst. Ich wünsche ihr, dass Glück für sie die Dinge bedeuten, die sie nicht kaufen oder anfassen kann. Ich hoffe so sehr, dass sie sich von der Seele anderer Menschen berühren lässt, nicht nur von der Oberfläche. Genauso möchte ich ihr aber auch sagen, dass nicht Jeder, von dem sie sich irgendwann einmal angegriffen oder verletzt fühlen wird, ihr Feind ist. Oftmals wird nicht ihr angebliches Fehlverhalten die Ursache sein, sondern sie ist dann lediglich ein Kolateralschaden im Kampf eines anderen mit sich selbst. Sie möge verzeihen und verstehen können. Ich werde ihr ebenso noch tausende Worte über Liebe aufschreiben, die so viel mehr und so anders sein kann, als das übliche Liebesgedöns.

Das Tagebuch für die kleine Leevke soll einem jungen Mädchen, einer junge Frau, eines Tages Halt geben; dann, wenn ich vielleicht zu alt oder gar nicht mehr hier bin, um sie still im Lärm des Alltags zu begleiten. Dieses Buch soll ihr zeigen, dass das Leben bunt und auf keinen Fall ständig eine gerade Linie ist. Manchmal weiß man eben nicht, wohin es ausschlägt. Leevke möge diesen Kurven weiterhin mit Neugier folgen, sie zulassen, statt unaufhörlich zu versuchen, sie mit Unmengen an Kraft vergebens in eine Gerade biegen zu wollen. Irgendwer wird immer genau wissen und bestimmen wollen, wie ihr Weg auszusehen hat. Aber nur ihr eigenes Fühlen, Wahrnehmen, Annehmen, Sehen und offenes Herz werden sie und ihr Leben zu etwas Einzigartigem machen. Es wird sie dann immer wieder mit Spannung, mit Höhen, Tiefen und wunderbaren Begegnungen überraschen. Vielleicht können meine erlebten Geschichten und Worte diesem Leben meines Enkelkindes später ein wenig die Dramatik nehmen, welche dort draußen gerne inszeniert wird, und statt dessen mit innerer Stabilität, Freude und Farbe füllen.

Mir bleibt nur zu hoffen, dass die kleine Leevke eines Tages meine krakelige Schrift lesen und dann die Liebe ihrer Oma in jedem Buchstaben fühlen sowie meine stillen Gespräche mit ihr hören kann.

Verkaufsgespräch

Meine Hausbank hatte mich in dieser Woche zu einem Gespräch eingeladen. Empfangen wurde ich von einem jungen Mann, Anfang dreißig. Zunächst wurden elektronische Unterschriften erneuert, meine Zufriedenheit abgefragt und mein altes TAN-Gerät belächelt. Als der junge Mann Interesse an meinem Job beim Insolvenzverwalter zeigte, plauderten wir ein wenig darüber, bis er das Gespräch genau in die Richtung lenkte, die ich geahnt hatte... den Verkauf von Sicherheiten.

Da war die Rede von Geldanlagen, um mir in ein paar Jahren ganz sicher meine Wünsche (z. B. einen tollen Urlaub oder größere Anschaffungen) erfüllen zu können. Versicherungen wären auch wichtig, falls mir oder mir wichtigen Dingen Unheil widerfährt. Ich schüttelte bei all seinen Vorschlägen nur lächelnd den Kopf. Er schaute fragend und mir war klar, dass ich ihm dieses Kopfschütteln nun erklären musste.

Ich bin kein Mensch, der weit im Voraus plant. Bis zum Ende der Woche ist vielleicht noch möglich. Mehr will ich nicht. Mein Geld möchte ich nicht für eine Zukunft beiseite legen, von der ich gar nicht weiß, ob und wie sie mich empfangen wird. Ich lebe heute, in diesem Moment, und ich brauche mein verdientes Geld, um es mir gerade jetzt schön zu machen. Ein toller Urlaub? Ich erzählte dem jungen Mann von meinem Irland-Traum, aber auch, dass der Traum eben schon wunderschön zu träumen ist und ich deshalb nicht unglücklich sein werde, wenn ich den rauhen Atlantik dort niemals erfahren kann. Wenn es aber wirklich sein soll, werde ich diese Reise gewiss auch irgendwann antreten. Ansonsten gibt es für mich nicht DEN Urlaub. Hier, wo er und ich leben, kann schließlich jeder Tag Urlaub sein. Es sind so viele Seen und Wälder, ganz nah und sogar mittendrin in der Stadt. Somit ist es möglich, täglich den Feierabend als kleine Auszeit zu zelebrieren.

Ich erklärte dem jungen Bankberater auch, dass ich nichts besitze, woran ich festhalte oder klammere und was mir so wichtig wäre, dass ich es versichern müsse. Nein, auch mein Leben nicht. Denn wenn etwas geschieht, wird mir keine Versicherung das Verlorene wiedergeben können, außer den materiellen Wert von Dingen. Meine Gesundheit oder mein Leben absichern? Wenn Krankheiten kommen, dann auch trotz Versicherung. Und wenn ich sterbe, dann bin ich tot. Welche Versicherung kann mich wieder gesund oder lebendig machen? Warum ich denn eine Haftpflichtversicherung hätte? Ganz einfach, falls ich Tolpatsch bei jemandem einen Schaden anrichte. Ich erzählte auch, dass ich eine sehr kleine Sterbeversicherung habe. Mein Gegenüber lachte. „Herrlich, das Ende haben Sie also abgesichert, aber dazwischen nichts?" Ich nickte und dachte mir: Logisch, denn das Ende ist gewiss. Was bis dahin passiert, allerdings nicht.

Er wollte wissen, ob ich nicht beruhigter wäre, wenn zum Beispiel nach einem Unfall ein wenig finanzieller Rückhalt vorhanden sei. Ich antwortete ihm: „Wenn Sie irgendwann so alt sind wie ich, dann werden auch Sie die Erfahrung gemacht haben, dass stets, auch ohne Vorsorge, von irgendwoher Lösungen auftauchen. Es geht immer weiter. Immer!" Ich legte meine Arme auf den Tisch und beugte mich leicht zu dem jungen Menschen auf der anderen Seite des Schreibtisches hinüber: „Ob Sie mir das jetzt glauben oder nicht, aber wovon Sie reden, ist für mich wirklich NUR Geld. Mehr nicht." Er sah mich mit großen Augen lächelnd eine Weile an, bevor er sagte: „Wissen Sie, wenn ich Sie so ansehe und Ihnen zuhöre, glaube ich Ihnen das tatsächlich."

Ich bin mir nicht sicher, ob er mich für total seltsam hielt, als er mich fragte, ob ich die Werbung meiner Hausbank aus dem Fernseher kenne und ich ihm sagen musste, dass ich seit vielen Jahren nicht mehr fernsehe. Die Nachrichten interessieren mich nicht, denn wenn sie gesendet werden, ist ja sowieso alles schon passiert. Wenn ich fernsehen und mir somit unweigerlich auch die ständige Werbung antuen würde, ja, dann bräuchte ich wahrscheinlich auch eine Menge Zeug, welches ich dann womöglich tatsächlich absichern müsste. Was ich nicht kenne, das brauche ich auch nicht. Der junge Mann stimmte mir zu, denn er sähe ja an seinem kleinen Kind zuhause, was dieses alles in der Werbung sieht und dann auch unbedingt haben muss.

Mein Bankberater wirkte mit der Zeit etwas nachdenklich und ich fragte mich mittlerweile, wer hier eigentlich wen berät. Aber er war wirklich drollig, wie er so dasaß, mich ungläubig anstarrte, hin und wieder zustimmend nickte und dabei nicht mehr aufhörte zu lächeln.

Zu meinen Lieblingssätzen gehört ja: Glücklichen Menschen kann man nichts verkaufen. Deshalb fühlte es sich verdammt gut an, als sich der junge Mensch, der so vorbildlich auf meinen Besuch vorbereitet war, zurücklehnte und sagte: „Was soll ich denn Ihnen noch mitgeben oder anbieten? Wenn jemand so zufrieden ist, mit dem, was ist und was er hat, sollte man es auch dabei belassen."

Zu Beginn unseres Gespräches stand die Überlegung im Raum, mir einen neuen Bankberater in einer für mich schneller zu erreichenden Filiale zuzuteilen. Am Ende unseres Termins gab mir der junge Mann allerdings die Hand, hielt sie einen winzigen Moment länger fest und bat mich, die Filiale und den Berater nicht zu wechseln. Er würde mich gerne in zwei, drei Jahren wieder zum Gespräch einladen. Ich stimmte ihm lachend zu: „Tun Sie das und dann schauen wir mal, wo Sie und ich dann stehen."

Nach dem Verlassen des Gebäudes steckte ich mir meine Kopfhörer ins Ohr. Die letzten Worte des jungen Mannes zum Abschied „Ich werde unser Gespräch erstmal verdauen müssen, aber ich denke, ich nehme sehr viel davon heute mit." ließen mich vor der Tür immer noch etwas lächeln...

...bevor mich „This is not the time to wonder..." in meinen Ohren auf dem Heimweg begleitete.

Immer schön (Mit-) Gefühl

Meine Kollegin und ich analysierten heute, weshalb uns beiden manche Ereignisse oder Menschen, die uns begegnen, so nah gehen, dass es richtig weh tun kann. Sie meinte, wir müssten etwas ändern, indem wir uns nicht mehr von unseren Gefühlen leiten und kontrollieren lassen. Ich musste mir kurz vorstellen, wie das wäre, um dem dann zu widersprechen.

In diesem Sommer musste ich eine Entscheidung treffen. Die Situation, die sich auftat, ließ keine Zeit, um lange nachzudenken. Da waren Menschen, die Hilfe brauchten. Dringend und sofort! Mein Verstand spielte erstmal sämtliche Eventualitäten durch. Er wankte zwischen schlau und unklug, zwischen richtig und falsch, zwischen gut und schlecht. Als er mich dann förmlich anschrie, ich solle es besser sein lassen, weil die Geschichte für mich wieder im Desaster enden würde, hatte mein Bauchgefühl schon längst entschieden, es zu tun. Und ich tat es! Großzügig öffnete ich mein Heim und mein Herz. Für einen Sommer.

Pünktlich zu Beginn des Herbstes sitze ich nun allein in einem Scherbenhaufen. Die vergangenen Wochen haben mich emotional, finanziell und auch körperlich zu Boden geworfen. Ich habe mich unüberlegt in jede Richtung verausgabt, quasi aus dem Bauch heraus ruiniert. Mit meiner Hilfe, meinem Mitgefühl und auch meiner Liebe habe ich es etwas übertrieben.

Doch während ich mir selbst in diesem Dilemma gerade ziemlich hilflos gegenübersitze, muss ich trotzdem schmunzeln. Denn, wenn ich von Anfang an auf meinen Verstand gehört hätte, gäbe es diese Trümmer nicht. Dabei spiegelt jede einzelne Scherbe, die ich nun aufsammle, einen unvergesslichen Moment wieder. Aus vielen hallt noch das laute Lachen dieses Sommers (meist über die Lachenden selbst). Da sind die Scherben der miteinander intensiv verbrachten Zeit. In einigen rauscht noch das Meer, strahlt die Sonne und klebt der Sand des Strandes. Andere flüstern nochmal die Worte, die gesagt wurden. Da sind auch jene Trümmer, die an verrückte Nächte unter sternenklarem Himmel erinnern. Einige Bruchstücke hebe ich allerdings nur ganz vorsichtig auf, weil sie vom kurzen Feuer der Liebe nachglühen und ich mich an ihnen nicht schon wieder verbrennen möchte.

Vielleicht wird es noch einige Tage, Wochen oder sogar Monate dauern, bis meine Seele geflickt, vor allem mein Konto saniert und mein Körper wieder etwas schmerzfreier ist. Alles hat seinen Preis und das ist nun wohl die Rechnung, die ich für meine Entscheidung zu begleichen habe. Aber ich werde das schon hinbekommen. Dass ich hier gerade ganz allein aufräumen muss, liegt eben daran, dass Ehrlichkeit, Aufrichtigkeit, Freundschaft, Loyalität und Vertrauen nicht immer für alle Menschen die selbe Bedeutung und Wertigkeit wie für mich besitzen. Auch diese Lektion hat mich der vergangene Sommer praxisnah gelehrt und sie ist ihren Preis allemal wert.

Natürlich bin ich an manchen Tagen traurig. Wenn man nicht so genau weiß, wie man aus dem selbst verursachten Schlamassel wieder herauskommen soll, kann sich schon etwas Verzweiflung breit machen. Aber ich vermag trotz allem auch über mich zu lachen, weil ich mich sehr gut kenne und ganz genau weiß, ich würde immer wieder das Selbe tun und meinem Gefühl, statt dem vorschnell urteilenden Verstand folgen, selbst wenn es sich auch nur für einen kurzen Moment richtig anfühlen und danach sofort wieder im totalen Chaos für mich enden würde. Ich bereue nie, wofür ich mich einmal entschieden habe!

Die einzige Frage, die es nun zu Beginn dieses Herbstes zu beantworten gilt, ist die, ob es mir gut tut, jede einzelne Scherbe und damit jeden schönen Augenblick noch einmal anzufassen oder ob es schlauer und einfacher wäre, einen Besen zu besorgen, um alles zügig beiseite zu kehren.

Ich denke, ich werde dazu einfach nochmal mein Bauchgefühl befragen.

∞

Ist doch ganz einfach

Es sollte so leicht sein. Diese Geschichte abhaken, ad acta legen und weitergehen. Sagt mir ja auch jeder, dass es so einfach wäre.

Also, ich bemühe mich wirklich. Es gibt diese Tage, an denen es mir nach einer schlaflosen Nacht leicht fällt, morgens vor dem Spiegel zu stehen und mir immer wieder zu sagen, dass du gar nicht so toll bist, wie ich dachte, dass du sowieso nicht gut für mich warst, dass du es nicht wert bist, meine Nächte mit Gedanken an dich zu verplempern und dass du mich ohnehin nicht verdient hättest. Das funktioniert manchmal ganz gut. Ich kann wieder lachen und diese Tage machen dann auch wieder Sinn. Allerdings gibt es immer noch jene Tage, an denen ich weiß, dass ich mich mit diesen blöden Sprüchen und meinem Lachen selbst belüge. Das sind die Tage, an denen die Bilder von uns auftauchen, ohne dass ich sie hervorgekramt habe. Sie sind einfach da.

Diese Stadt ist so klein und ich war mit dir überall dort, wo es schön ist, dort, wo ich auch ohne dich schon immer gerne gewesen bin. Da ist immer noch der See hinterm Haus, an dem wir vor dem Grill saßen, wo wir Wein tranken oder nachts unsere Klamotten auf dieser einen Bank ablegten, um ungesehen nackt ins Wasser zu gehen. Ich erinnere mich, wie still der See dalag und unsere Köpfe wie aus einem Spiegel hervorlugten. Auch dieser große Stein liegt immer noch im Wasser. Du saßest darauf und schautest auf den See. Als ich dich dabei fotografierte, sahst du so zufrieden und glücklich aus. Und ich war es auch.

Ständig lauf ich an dem kleinen Imbiss vorbei, in dem wir zusammen den besten Dönerteller der Stadt aßen; dabei redeten, lachten und dieses furchtbar leckere Getränk schlürften, dessen viele Kohlensäure mir immer den Bauch so sehr aufblähte. Ich schaffe es nicht mehr, hineinzugehen und ich habe dieses Zeug seitdem nie wieder getrunken.

Ich kann am Strand nicht mehr dorthin gehen, wo wir die ganze Nacht im Kerzenlicht saßen, so viel redeten, Musik hörten und Spaß hatten, bevor wir uns im Schlafsack ganz eng zueinanderlegten. Du wolltest mir so nah sein, bis es dir nun irgendwann viel zu nah wurde.

In der Innnenstadt sitze ich so oft an dem Tisch vor dem Bäckereigeschäft, dort, wo wir nach dieser zauberhaften Strandnacht zerzaust und noch benommen in aller Frühe als erste Kunden unseren Kaffee tranken. Dort wo du nicht aufhörtest, deinen Arm um mich zu legen, mich einfach nur zu streicheln und ich noch das Gefühl hatte, alles sei ehrlich und echt.

Es scheint, als wäre ein Diaprojektor in meinem Kopf, der bei jedem Schritt, den ich gehe, eine Erinnerung durchschiebt. Wann hört das auf? Sie haben doch alle gesagt, es wäre so leicht. Ich müsste wahrscheinlich diese Stadt abfackeln und mit ihr all die verdammten Orte, an denen die Bilder von uns kleben. Warum gehe ich eigentlich nicht einen anderen Weg, als den an unserem Imbiss vorbei? Warum spaziere ich nicht um einen anderen See? Sind doch genug da. Warum trinke ich nicht in einem der vielen weiteren Straßencafés meinen Kaffee? Warum hoffe ich, dich nie zu treffen und suche doch ständig dein Gesicht in der Menschenmenge?

Vielleicht gehe ich immer wieder dieselben Wege, um zu testen, ob die Bilder in meinem Kopf mit der Zeit verblassen. Vielleicht will ich spüren, ob der Schmerz schon nachlässt. Vielleicht braucht es aber auch die Erinnerungen solange, bis ich mir meine eigenen Lügen oft genug eingeredet habe, um sie zu glauben. Ganz egal, wie es ist, ich bin mir sicher, dass ich eines Tages den Stecker dieses verflixten Diaprojektors schmerzfrei aus meinem Herzen ziehen werde. Und wer weiß, eventuell schaffe ich das sogar, während ich auf der Bank am See sitze oder wieder mal an „unserem" Tisch vor dem Bäckereigeschäft allein meinen Kaffee trinke.

Und vielleicht ist es dann wirklich ganz einfach und ohne ein Warum.

∞

Die Fremde am Telefon

Ich hatte heute ein sehr langes Telefongespräch mit einer Fremden. Ja, man hat sich im Social-Media-Geflecht kennengelernt, aber was sind schon diese Plattformen? Es ist ein virtuelles Kennenlernen, bei dem man meist an der Oberfläche, nur an dem, was der andere zeigt, wie er sich darstellt, hängen bleibt. Eben nur liken und dann weiterscrollen. Manchmal bemerkt man allerdings schon Gemeinsamkeiten und dass man sich für diesen Menschen hinter dem Account interessiert. So war es auch bei mir. Deshalb ergab sich heute ein ganz spontanes Telefonat.

Vom ersten Wort an war ich fasziniert von der Frau, die so weit weg und mir doch plötzlich so nah war. Da gab es keinen oberflächlichen Smalltalk. Wir kamen ohne peinliches, befremdliches Schweigen von einem Thema zum anderen. Sie erzählte mir aus ihrem Leben. Davon, wie ihre Kinderheit war und wie sie das Leben sieht. Sie sprach von ihren Kindern und den Partnern, die ihren Weg eine Weile mitgingen. Es war so krass, denn ich erlebte eine Frau, deren Episoden des Lebens meinen so verdammt ähnlich waren. Und während sie erzählte, konnte ich jede Geschichte mitfühlen, da ich sie selbst doch fast genauso erlebt hatte. Als sie von ihrem Sohn sprach und vor Rührung bei der Erinnerung an einen bestimmten Moment kurz weinte, kullerten plötzlich meine eigenen Tränen auf mein Telefon. Ich erschrak vor mir selber. Wann hatte mich das letzte Mal ein Mensch so berührt, dass ich mit ihm weinte?

Auch ich begann ihr von mir zu erzählen. Ich redete über mein Leben und über Dinge, welche ich mit den Menschen in meinem direkten Umfeld schon lange nicht mehr teilen kann und die ich deshalb in letzter Zeit nur noch mit mir selbst besprach. Ich durfte endlich mal zu den Gefühlen, die einfach da sind, egal, ob sie mir gefallen oder nicht, stehen und über sie reden, ohne dafür verurteilt oder belehrt zu werden. Ich wurde einfach nur ohne viele Worte verstanden.

Heute hatte ich das Glück, einer Frau zu begegnen, die so stark ist, dass sie sich erlaubt, auch schwach zu sein. Eine Frau, welche wie eine Löwin kämpfen und sich trotzdem ihrer Verletzlichkeit mutig stellen kann. Ich lernte eine Frau kennen, die viel zu oft vom Schicksal geohrfeigt wurde und das Leben trotzdem noch so sehr liebt. Ich sprach mit einem wundervollen Menschen, der aber vor allem sich liebt und deshalb auch in erster Linie auf sich und das eigene Bauchgefühl hört, egal welche Stimmen im Außen dazwischen plappern.

Nach dem Telefonat lächelte ich ein wenig in mich hinein. Denn heute trafen zwei Frauen aufeinander, die sich eben noch gegenseitig sagten, dass sie zwar dem Leben an sich, aber nicht mehr den Menschen blind vertrauen könnten. Und doch war im nächsten

Moment so viel Vertrauen da, dass man Erlebtes, Gefühltes und Erfahrenes der Fremden am anderen Ende des Telefons einfach erzählte. Ich habe heute ein Geschenk erhalten, eines ohne Glitzerverpackung und pompöse Schleife, vom ersten Moment an einfach nur authentisch und ehrlich. Und dieses Geschenk und das Vertrauen werde ich sorgfältig hüten, weil es mir sehr wertvoll erscheint.

Ich bin mir sicher, dass dort draußen eine Menge solcher Geschenke zu finden sind. Wir müssen uns nur gegenseitig erkennen. Mir jedenfalls tat es unheimlich gut, zu sehen, dass ich mit meinen eigenen Geschichten nicht allein dastehe, dass meine Zweifel an der Richtigkeit des eigenen Fühlens gar nicht nötig sind und dass meine einfache Sicht auf das Leben an anderer Stelle geteilt wird.

Deshalb, wenn ihr euch in den sozialen Netzwerken begegnet, dann schreibt euch doch einfach mal ein paar Worte, interessiert euch füreinander und greift ruhig mal zum Telefon, um zu erfahren, wer sich hinter einem Profilbild oder einem Posting verbirgt. Es kann ein Reinfall werden, aber im Idealfall auch eine Bereicherung für beide Seiten. Ich weiß, dass es unter euch so viele wundervolle, interessante Menschen gibt, denn das durfte ich schon öfter in Nachrichten erfahren, die ihr mir schreibt oder bei direkten Begegnungen in meiner Heimatstadt.

Schreibt bitte weiter und zeigt euch auch anderen. Lernt euch kennen und lasst euch von einem bis dahin fremden Menschen berühren und berührt selbst...

... so, dass es am Ende des Tages vielleicht gar kein Fremder mehr ist.

Meine eigene kleine (Vor-) Weihnachtsge-schichte

Vor zwei Jahren habe ich sie erlebt, meine eigene kleine (Vor-) Weihnachtsgeschichte. Eine Geschichte außerhalb irgendwelcher Bücher oder Märchen.

Da gab es einen Menschen in meinem Leben, den ich unheimlich gerne mochte und am 4. Dezember überkam mich die Idee, diesen Mann zum Nikolaus zu überraschen. Und er sollte so richtig krass überrascht sein.

Problem an meiner Idee war, dass er die ganze Woche mit dem Lkw unterwegs war, irgendwo die Nächte kilometerweit auf Autobahnen verbrachte und ich keine Möglichkeit hatte, zu ihm zu kommen. Alles was ich wusste war, dass er tagsüber an unterschiedlichen Orten mit seinem Lkw stand, um zu schlafen, manchmal auch auf einem bestimmten Autohof. Meine Ideen sind oftmals schon ziemlich verrückt und nicht korrekt durchdacht, so dass schon mancher die Augen verdreht und sich an den Kopf gefasst hat. Aber ich wollte diesem Menschen nunmal genau an dem Tag zeigen, dass ich an ihn denke, dass der Nikolaus an ihn denkt. Also war wieder eine dieser verrückten Ideen geboren.

Kurzerhand beauftragte ich das World Wide Web, ein kleines Adventsgesteck mit LED-Kerze (schließlich sollte er ja nicht seinen Lkw abfackeln.) an diesen Autohof zu liefern. Nachdem die Bestellung abgeschlossen war, tat sich mir die Frage auf, woher die Mitarbeiter dort wohl wissen sollten, für wen das Geschenk gedacht ist. Also wurde schnell die Fax-Nummer bei Mr. Google erfragt und das entsprechende Fax vorbereitet. Darin kündigte ich das Päckchen an und erklärte, für wen es gedacht war. Ich fügte noch eine kurze Beschreibung und ein Foto des Mannes dazu und bat das Team dort, ihn zu finden und ihm sein Nikolausgeschenk zu übergeben.

Als das Fax dann abgeschickt war, schüttelte ich über mich selber den Kopf und dachte mir, wie komplett irre es ist, zu glauben, dass irgendjemand sich darum kümmert, unter Hunderten von Menschen, die das Restaurant dieses Autohofes täglich passieren, meinen mir wichtigen Menschen zu finden. Ich wusste ja nicht einmal, ob mein Lkw-Fahrer an diesem Tag überhaupt dort sein würde. Gar nichts wusste ich. Aber rückgängig machen konnte ich diesen Blödsinn nun nicht mehr, sondern nur noch abwarten und vertrauen. Vielleicht würde mein Geschenk nie ankommen, aber einen Versuch war es allemal wert.

Am Nikolaus-Abend bekam ich dann dieses Foto geschickt. Ein leuchtendes Adventsgesteck im dunklen Lkw. Die Mitarbeiter des Autohofes hatten es wirklich vollbracht!

Vielleicht erscheint diese Geschichte nicht jedem besonders großartig. Aber sie war und bleibt es für mich.

Mein Herz wollte einem bestimmten Menschen ein wenig Freude, Liebe, Lachen und Spaß in seinen Lkw bringen, egal an welchem Ort er gerade war. Menschen, die ich nicht kannte und deren Aufgabe es nicht war, meine Ideen umzusetzen, haben alles getan, um mir zu helfen, ohne dass sie selber einen Vorteil davon hatten. An der Stimme meines Lkw-Fahrers am Telefon erkannte ich, dass die Überraschung gelungen war und er sich wirklich freute. Die Kerze verschwand nicht lieblos im Auflieger. Sie bekam ihren Platz im Cockpit.

Weißt du, man muss keine großen teuren Geschenke wochenlang in Einkaufscentern suchen. Man muss nicht nur auf Feiertage warten, um Menschen zu überraschen. Schenke immer dann, wenn du es für richtig und wichtig hälst. Verschenke deinen Humor, dein Herz, deine Idee. Ja, verschenke dich. Steck einfach all deine Liebe in dieses Geschenk. Und wenn du das ehrlich und offen, ohne eigene Erwartungen tust, werden manchmal andere Menschen erkennen, wie wichtig dir etwas ist und sie können, wie in meiner Geschichte, zu Verbündeten, zu deinen persönlichen Helden werden. Dann kann sogar geschehen, was niemand, vielleicht auch du selber nicht, für möglich gehalten hat.

Sei mutig und trau dich, für dir wichtige Menschen Dinge zu tun, die vor dir wahrscheinlich so noch niemand getan hat. Damit schaffst du unvergessliche Augenblicke, schenkst Lachen und Freude sowie ein wenig Herzenswärme.

Diese kleinen Momente sind unbezahlbar und doch so wertvoll für dich, den Beschenkten und eventuell die anderen Beteiligten. Denn in meinem Fall haben nun sicherlich auch die Mitarbeiter des Autohofes eine weitere Anekdote aus ihrem Job zu erzählen, eine kleine reale Weihnachtsgeschichte, die vielleicht auch sie in ihrem Alltag ein wenig zum Schmunzeln und Grinsen gebracht hat...

... genauso wie mich und den Fahrer des Lkws, der in dieser Nacht mit einer Kerze hinter der Frontscheibe über die Autobahn fuhr.

Viel zu oft

Wie oft ignorieren wir eigentlich dieses, unser Leben? Wie oft funktionieren wir, ohne wirklich zu (re)agieren und meinen, das Leben hat eben nichts Besseres für uns vorgesehen?

Wie oft versäumst du es zum Beispiel morgens beim Verlassen des Hauses, nur ein paar Sekunden die Morgenluft einzuatmen, den Himmel anzuschauen oder den Baum vor der Tür zu bewundern, wie er sich ständig mit den Jahreszeiten verändert, weil du schnell zur Arbeit musst?

Wie oft hast du dir gewünscht und davon geträumt anders dein Geld zu verdienen? Und wie oft hast du Möglichkeiten gehabt, sie aber zu lange durchdacht und dann doch wieder verworfen?

Wie oft läuft jeden Tag die gleiche Routine in deinem Alltag ab, nur weil du glaubst, du hättest keine Zeit für Abwechslung?

Wie oft warst du still, obwohl du doch so viel zu sagen hattest, nur weil du dachest, niemand hört dir zu?

Wie oft hast du dich nicht getraut, deinen Lieblingssong laut aufzudrehen, komplett falsch mitzusingen und dabei ungelenk durch die Wohnung zu tanzen, nur weil du nicht albern wirken wolltest?

Wie oft hast du zu lange gezögert, jemanden zu umarmen, um ihm ohne Worte zu zeigen, dass du ihn magst, aus Angst vor Ablehnung?

Wie oft bist du jemandem begegnet, der dein Leben auf den Kopf gestellt hat, der dir sein Herz vor die Füße gelegt hat? Und wie oft hast du so einen Menschen wieder gehen lassen, weil du Angst vor dieser Liebe hattest, du sie nicht verstehen konntest und sie alles verändert hätte?

Wie oft hast du ein „Ich hab dich lieb." nicht ausgesprochen, aus gekränkter Eitelkeit und falschem Stolz?

Wie oft hast du Tränen unterdrückt, weil du dich für sie geschämt hast?
Wie oft hast du nicht gelacht, nur weil du anderen zu laut warst?

Wie oft hast du alles für dein Leben so perfekt geplant und es kam doch anders?

Viel zu oft!

Und was tust du? Du jammerst, dass dieses Leben für dich eben nicht den Erfolg, das Glück, den Spaß, die Liebe und große Emotionen bereitgestellt hat.

Falsch!

Okay, das Leben läuft auch ohne unser Zutun, jeden Tag. Aber sehen wir eigentlich immer die kleinen Geschenke und Überraschungen, die es uns, manchmal merkwürdig verpackt, auf unseren Weg legt, während wir noch im Selbstmitleid baden?

Sind nicht wir es, die achtlos daran vorbeiziehen, weil wir nicht bereit sind unsere, ach so bequeme, Komfortzone zu verlassen? Weil wir glauben, keine Zeit für schöne Momente zu haben und blind durch den Alltag hetzen? Weil wir uns in unserer Routine sicher fühlen und Angst vor Veränderungen haben? Weil wir anderen ständig gefallen und ihre Erwartungen an uns nicht enttäuschen wollen? Weil wir nicht aus der Masse herausstechen und auffallen möchten? Weil wir für unser Fühlen nicht verletzt werden wollen? Weil uns niemand für unsere Spontanität als Spinner bezeichnen soll? Weil wir nicht mehr bereit sind, uns für etwas zu bewegen, was uns wichtig ist?

Was haben wir denn zu verlieren, wenn wir alles, was uns ausmacht, einfach ausleben? Nichts, außer uns selbst, uns als einzigartigen und wunderbaren Menschen mit all unseren Wahrnehmungen, Emotionen, unserer Lust auf Spaß, Leben und Liebe.

Es ist nicht das Leben, dass uns vergessen hat. Wir sind es, die unfähig sind, die winzigen Geschenke dieses Lebens zu sehen, zu halten und zu behüten, während wir ausschließlich auf Großes warten. Denn viel zu oft stellen wir unseren Kopf, unsere Gedanken sowie unseren stets quatschenden Verstand, über unser Herz.

Also, gib nicht dem Leben an unerfüllten Wünschen, Träumen, Partnerschaften und unausgelebten Gefühlen die Schuld, denn es ist großartig.

Geh da raus mit offenen Augen und offenem Herzen! Sieh immer ganz genau hin und dann trau dich, lebe diese Wünsche und Träume, deine Liebe und endlich dein Leben!

Denn das ist das Einzige, was du irgenwann verlierst!

E-Mail: info@firestormheartbeat.de
Blog: www.firestormheartbeat.de
Facebook: https://www.facebook.com/firestormheartbeat/